証言 初代タイガーマスク

虎の仮面に秘めた天才レスラーの理想と葛藤

佐山聡＋髙田延彦＋
藤原喜明＋グラン浜田 ほか

宝島

はじめに

ターザン山本

佐山聡。まさか海外遠征から帰国した時、自分がマスクマンのタイガーマスクになるとは本人は夢にも思っていなかった。しかし、これは神が与えた試練、賭けでもあった。神は佐山の変わった性格とその類いまれな才能を読み切っていたからだ。

佐山は、人が、団体が、世の中が、自分に求めているものが何であるかを誰よりも素早く察知できる人間なのだ。自分がたとえ望んでいなかったことでも、相手の要求に抵抗なく合わすことができた。そこにこだわりはない。だから「NO」とは決して言わない。

「ああ、いいですよ」となんでもOKなのだ。

これはマーケティングの理論を佐山が熟知しているからだ。その結果、決して本音、本心は言わなくなった。いや、一度も言ったことがない。その証拠に私が、「あなたにとってタイガーマスクとはなんだったんですか?」と聞いたら、「あのマスクはただの布切れでした」と答えた。別の記者が同じ質問をしたら佐山は別の答えを用意しているはずなのだ。

ダイナマイト・キッドとのデビュー戦。あの試合の衝撃は一言でいえる。それは、リングに〝モダニズム〟を持ち込んだことだ。新日本プロレスが〝ストロングスタイル〟という思想性をアピールしていた時、現代風、新感覚主義のプロレスを形として、フォルムとして表現してみせた。

この佐山聡流モダニズムはその後、プロレスラーを目指す少年たちに絶大な影響を与えた。従来の伝統的プロレス観、価値観を一掃してみせた。理屈よりも形としての美を優先させる。佐山の本能がそうさせたのだ。彼は小さな、偉大な革命児である。猪木イズムが生んだ突然変異ともいえる。

さて、そのタイガーマスクが突然、引退を発表。それはモダニズムの役割が終わったからだ。あまりにも人気が爆発しすぎて、すべてが商業化してしまったことによる失望と絶望。UWFは佐山が始めたものではないが、あれは考えてみると第二のモダニズムともいえる。その後、時代はK-1、PRIDE、UFCと格闘技が全盛時代を迎える。その流れを呼び込んだのは佐山聡なのだ。ところが本人が行き着いたところは武道の世界。なぜなら武道は商業化、ビジネス化することはないからだ。

じゃあ、マット界におけるモダニズムとはなんだったのか？　それはいつの時代も先駆者だけが持てる特権。そして、時代を徹底的にマーケティングした者だけが持つことができる想像力、創造性のことだ。佐山のこれまでの歩みを見れば明らかだろう。佐山はいつの時代も、唯一の、そして孤高のモダニストだったのだ。

目次

証言 初代タイガーマスク 虎の仮面に秘めた天才レスラーの理想と葛藤

[装丁]金井久幸(Two Three)
[カバー写真]山内猛
[撮影]タイコウクニヨシ Essei Hara/山内猛
[本文デザイン&DTP]武中祐紀
[編集]片山恵悟(スノーセブン)

タイガーマスクがプロレス界をダメにすると思って、やめました

初代タイガーマスク

佐山 聡

取材・文●堀江ガンツ
撮影●タイコウクニヨシ

PROFILE

佐山 聡 さやま・さとる●1957年、山口県生まれ。75年に新日本プロレスに入門し、81年、タイガーマスクとしてデビュー。空前のプロレスブームを巻き起こす。83年、人気絶頂の最中で引退。84年から第一次UWFに参戦。UWF崩壊後、85年12月にシューティング(現・修斗)を設立。98年、アントニオ猪木率いる「UFO」に参加し、小川直也を指導。99年、掣圏真陰流を設立し総監を務める。2005年には「リアルジャパンプロレス」を旗揚げし、初代タイガーマスクとして活躍。11年、「初代タイガーマスク基金」の理事長に就任。「健全な子供たちが育つよりよき社会づくり」を目指し、社会教育事業の推進や慈善イベントの開催などを行っている。

1981年4月23日、蔵前国技館で行われた初代タイガーマスクvsダイナマイト・キッド。あの衝撃のデビュー戦から早40年の月日が経ったが、タイガーマスクの勇姿は、今も多くの人の記憶の中で色あせることなく輝き続けている。

日本のプロレス史は、タイガーマスク以前と以後に分けられる。

立体的な空中殺法が、ジュニアヘビー級の〝必須科目〟となったのはタイガーマスクからであり、キックボクシングスタイルの本格的な蹴りもタイガーマスク以前のプロレスにはほとんどなかった。また、90年代に活躍した多くのレスラーは、少年時代にタイガーマスクによってプロレスの面白さを知った世代。その影響を受けていない選手など存在しないだろう。

格闘技界に目を向けても、タイガーマスクこと佐山聡の影響は絶大だ。現在のMMA（総合格闘技）のルーツが、佐山が創設したシューティング（現・修斗）にあることに、異論がある者はいないはずだ。

70年代後半、新日本プロレスの若手だった佐山の部屋の壁には「真の格闘技は、打撃に始まり、組み合い、投げ、関節技に終わる」と大書きした紙が貼られていた。80年代半ばに誕生した「打・投・極」を組み合わせたシューティングという新格闘技は、佐山の発明であり、その試行錯誤の先に現代MMAがある。

今のプロレスと総合格闘技は、初代タイガーマスク、佐山聡から始まっている。そして、その原点には新日本の道場があった。

初代タイガーマスク 佐山 聡

「僕は新日本に入るまで、〝関節技の世界〟を知らなかったんですよ。それを知ったからこそ、僕はプロレスを続けていったんだろうし、その後、格闘技に取り組むようになった原点もそこにある。そういう意味では、タイガーマスクをつくるうえでも欠かせないものだったと思いますね」

プロレスという大衆を魅了するエンターテインメントである一方で、道場では〝セメント〟と呼ばれた関節技の〝スパーリング〟で腕を磨き、強さを求めた昭和の新日本。そんな土壌が、プロレスと格闘技両方に多大なる影響を与える初代タイガーマスク・佐山聡を生んだのである。

藤原喜明の関節技でぐちゃぐちゃに

佐山は、57年、山口県で生まれる。子供の頃から運動神経は抜群で、プロレスに目覚めたのは小学校の低学年の頃だったという。

「プロレスより先に沢村忠さんのキックボクシングが好きになったんですよ。それで自宅の蛍光灯の紐にパンチしたりキックしたりして遊んでね（笑）。そのあとすぐにアントニオ猪木さんが好きになって、プロレスファンに転向します。小学5、6年生の頃にはもうプロレスラーになろうって思ってました。プロレスラーのなかには山本小鉄さんや、星野勘太郎さんのような背の低い方もいたので、僕も鍛えればできるんじゃないかってね」

佐山は中学生になると、プロレスラーになる準備として柔道部に入部。中学卒業と同時にプロレス入りしようと考えるが、親の反対に遭い、仕方なくレスリング部のある山口県立水産高校に進学する。

「でも高校1年の新人戦で全試合フォール勝ちして山口県王者になったんですよ。2年生や3年生にも勝てたんで有頂天になって、『俺には才能がある。もう高校でレスリングをやってる場合じゃない。早く東京に出てプロレスラーになりたい』と、そればっかり考えてました。やはり僕は背が低かったので、18歳とかになっていたら、まず入れてもらえないと思ったんですね。そんな焦る思いで、親を必死に説得して上京させてもらったんです」

こうして佐山は高校を1年で中退して上京。新聞配達など住み込みで働きながら体を鍛え、いざ、新日本の門を叩く。佐山がテレビで観ていたプロレスとは違う、〝関節技の世界〟を知ったのは、この入門テストの時だった。

「当初、体が小さいということで、新日本から門前払いにされていたんですけど、新聞（寿＝当時・新日本プロレス専務取締役営業本部長）さんに手紙を書いたりして、必死に『入れてください！』ってお願いしたら、後楽園ホールでの試合前、入門テストみたいなものをやらせてもらえることになったんです。そこで足の運動（ヒンズースクワット）、腕立て、ブリッジとすべてクリアして、最後にスパーリングをやらされたんですよ。僕は高校生レベルながらレスリングに自信があったので、『よし、これで勝てば入門できるな』と思ったら、全然歯が立たなくて、逆にぐちゃぐちゃにやられたんです。その相手が実は藤原喜明だったんですけどね」

当時はいち前座レスラーながら、のちに〝関節技の鬼〟と呼ばれる影の実力者である藤原が入門志願者の相手をしたということは、おそらく体の小さい佐山にプロレスラーの夢を諦めさせるためのものだっただろう。

しかし、この時の経験こそが、佐山を〝関節技の世界〟に目覚めさせ、新日本のプロレスに対し、さらにのめり込むきっかけにもなった。

「初めて経験する関節技でぐちゃぐちゃにされて、苦しさと悔しさでいっぱいだったんですけど、自分がコテンパンにやられたことで、『若手でもこんなに強いのか』と、うれしい気持ちにもなったんです。やはり当時プロレスファンは、周囲から『八百長《やおちょう》だ』とか常に言われる時代でしたから、『そうじゃないんだ、本当に強いんだ』ということを自分の体で知ることができて安心したというか。『やはり、僕の目指す道は間違ってないんだ』と思うことができたんですね」

結局、この時は即入門は許可されなかったが、佐山の必死の姿勢と運動能力の高さが認められ、半年間の自主トレーニングで体を大きくしたのち、新日本に入門。道場でさらに、強さを求める練習にのめり込んでいくこととなる。

「アントニオ猪木のためなら死ねる」

「新日本道場の練習のキツさは有名でしたけど、僕は最初からけっこうついていけたんですよ。だから基礎体力運動をこなしたあと、当時はセメント（関節技の極め合い）の練習ばかりやっていた記憶がありますね。藤原さんをはじめとした先輩たちといつもやってて、最初はギャーギャー極められてましたけど、だんだん極まらなくなってくる。そうすると嬉しいんですよね。そこに充実感を見出して、ますますのめり込んでいったんです。『やっぱり新日本の道場はすごいな。でも俺も確実に強くなっているぞ』という感じですね」

また、佐山の入門当時は、猪木の異種格闘技路線真っ只中。伝説のモハメド・アリ戦（76年6月26日、日本武道館）は、佐山のデビュー1カ月後に行われた試合だ。総帥・猪木がプロレスラーの誇りを持って他の格闘技のチャンピオンたちと闘い、配下のレスラーたちも一丸となって強さを求めていく。そんな当時の新日本の姿勢が、若い佐山にプロレスへの誇りと情熱を植え付けていった。

「当時はプロレスに誇りを持てるだけの練習をしてましたからね。寝技のスパーリングなんか、2時間ぶっ続けでやっていましたから。実際、当時の新日本道場はレベルが高かったと思いますよ。僕といつもスパーリングをやっていた藤原さんなんかは、（ミュンヘンオリンピック柔道金メダリストの）ウィリエム・ルスカとスパーリングしても負けなかったし。道場破りなんかも来て、僕も相手しましたけど、相手が柔道何段とかでも問題なく勝ってましたからね。

だからある時、練習後に藤原さんがボソッと言うんですよ。『俺たちってよ、世界で5本の指に入ってるよな』って（笑）。いま思えば、有頂天になってたなと思いますけど、プロレスラーとして、それぐらいの気構え、プライドがあったんですよね。そして、そういうセメントの練習を猪木さんが率先してやっていましたから。当時の新日本のレスラーは、『アントニオ猪木のためなら死ねる』って、みんな思ってたんじゃないかな。だから組織としての結束力もありましたよ」

佐山は、そんな新日本道場での猛練習だけでは飽き足らず、合同練習後、先輩たちには内緒でキックボクシングの目白ジムにも通い出す。その意欲はどこから生まれたものだったのだろうか。

「とにかく強くなりたかったんですよ。新日本の定義があったじゃないですか？『プロレスこそ最強の格闘技』『プロレスラーは誰よりも強くならなければいけない』というね。僕はそんな猪木イズムに心酔していましたから、自分もプロレスラーなら、そのプライドだけは持っておこうと。そんな気持ちでしたね。

それに、僕は当時から『真の格闘技は、打撃に始まり、組み合い、投げ、関節技に終わる』と書いた紙を部屋の壁に貼って、そういった闘いを目標にしていたんですね。それで寝技に関しては、藤原さんと2時間やってもお互い極まらないような感じになって、あの人は相撲も強かったですから。藤原喜明に勝つために、組みつく前に打撃があるだろうと考えて、打撃の世界をのぞきたいと思ったんですね。

それでどうせ行くなら、いちばん強いところに行こうと思って、目白ジムに行ったんですよ。ジムの看板選手だった藤原敏男のファンでもありましたしね。まあ、酒を飲んだ

〝夜の藤原敏男〟の私生活を知ってからはファンじゃないですけど（笑）。昼間の藤原先生は今でも尊敬しているし、40年以上お付き合いさせてもらってますけどね」

こうして佐山は、練習の厳しさに定評のあった新日本道場と目白ジムをはしごする生活を始める。

「僕も若かったから、あえていちばん厳しいことに挑戦したかったんですよね。午前中から昼過ぎまで新日本の道場で練習して、午後ちょっと寝て。夕方になったら電車で巣鴨まで行って、目白ジムでキックボクシングの練習をして。帰ってきてから、夜は11時頃から今度はウエイトトレーニングやって。それをずっと続けてたんです。そんなバカは誰もいないと思いますよ。でも、充実していましたね」

ある先輩に「お前、だらしないな」って

猪木の異種格闘技戦に影響を受け、他競技との闘いに強い興味を持っていた佐山は、練習をするだけでなく、格闘技について独自に研究をして、新たなものも生み出した。77年10月25日、日本武道館で行われた、プロボクサーのチャック・ウェップナーとの格闘技世界一決定戦において、猪木は現在の総合格闘技で使われているオープンフィンガーグローブの原型のようなものを両手にはめて闘ったが、これは若手だった佐山が考案したものだ。

「あれはブルース・リーが使っていた摑《つか》めるグローブを、そのままじゃ使えないので、リングシューズ屋さんに持っていって、改造してもらったんですよ。いざ使ってみたら、脇

を差したときに腕が抜けなかったり、使いづらかったみたいですけどね。まだ全然試作の段階だったので。

当時、僕は猪木さんの付き人だったので、よく格闘技の話なんかをさせてもらってたんです。猪木さんは『(プロレスが)市民権を得なきゃダメなんだ』とよく言ってたんですけど、本当に市民権を得るなら完全な格闘技にしなきゃいけないんじゃないかと思って、『新日本の中に、格闘技部門をつくったらどうですか?』みたいな話をしたら、『お前を第1号にする』と言ってもらえて。そこからはもうすっかりその気になって、『自分は格闘技の選手になるんだ』という考えだけでしたね」

猪木がオープンフィンガーグローブの原型をはめて、チャック・ウェップナーと対戦した3週間後、佐山はデビュー1年半で格闘技の他流試合を実際に経験している。77年11月14日、日本武道館で行われた、梶原一騎主催の「格闘技大戦争」という格闘技イベントにおいて、全米プロ空手ミドル級ランキング1位のマーク・コステロとキックボクシングルールで闘った一戦がそれだ。

「あの時は、黒崎道場vs全米プロ空手の全面対抗戦のような形で、黒崎(健時)先生のほうから『重い階級の選手がいないから一人貸してくれ』という話が新日本に来て、僕が出ることになったんですね。当時、僕はまだキックの練習を始めたばかりで、相手は全米1位ですから、勝てるわけがないんですけどね。黒崎道場での基本のローキックぐらいしか教えてもらってなかったし。

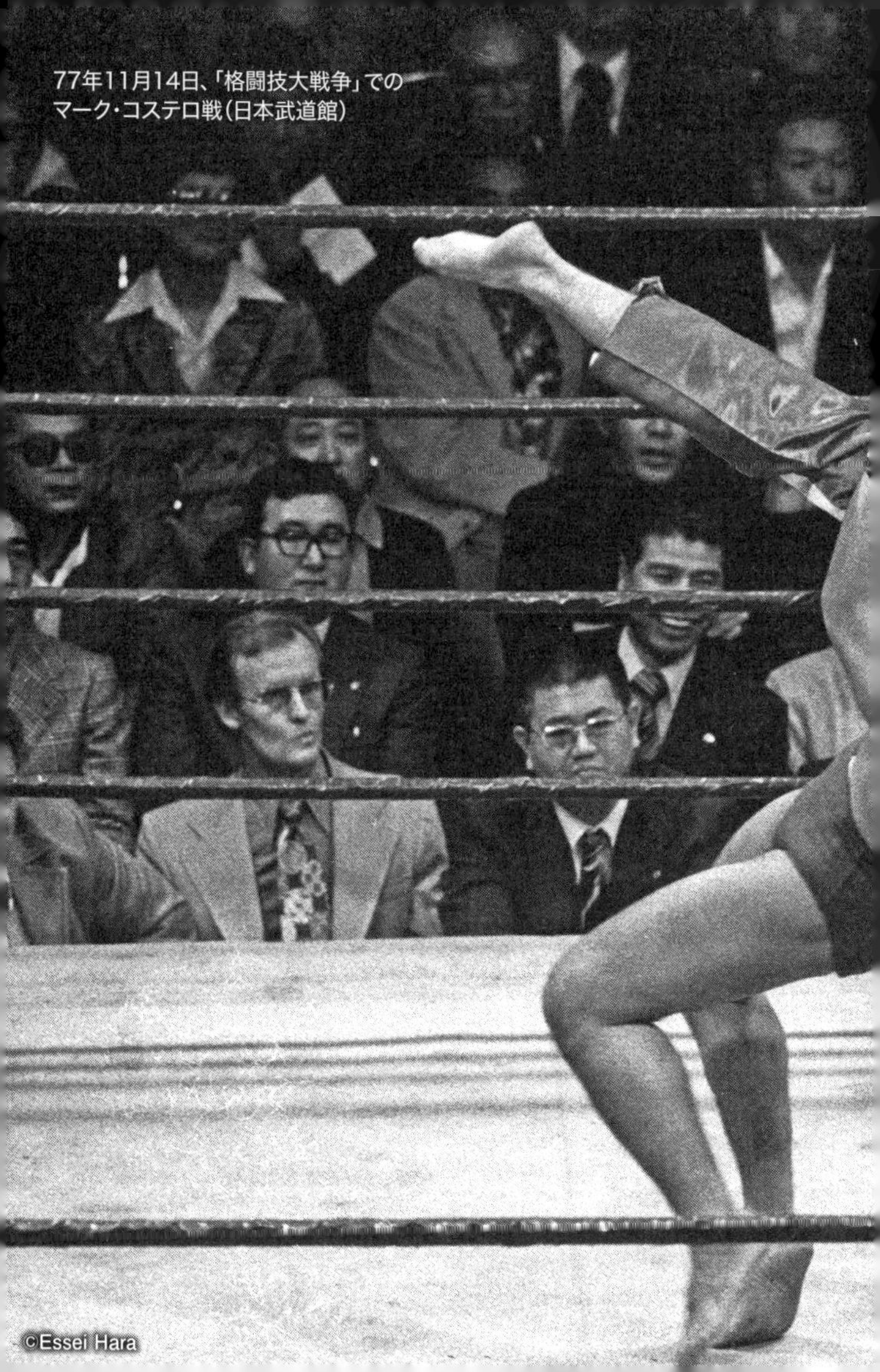

77年11月14日、「格闘技大戦争」でのマーク・コステロ戦（日本武道館）

©Essei Hara

あまりにも無謀なんで、レフェリーを務めてくれた鈴木（正文）先生が『最初から（ランキング）1位の選手に勝てるわけがない。少々の投げは認めるから』と言ってくれたんで、『しめた！』と思ったんですよ。『投げて頭から落とせばなんとかなるな』って。

それで実際、試合ではタックルがボンボン入って、持ち上げてマットに落としたり、バック投げを決めたりしたんですけど、コステロは手を着くから、なかなか頭から落とせなかった。それで投げ続けていたら疲れてしまって、3ラウンドくらいからバテちゃったんですね。そこから蹴りやパンチをバンバンもらってしまった。でも、プロレスラーとして絶対にKOされるわけにいかなかったんで、最後まで折れずに闘ったんですけどね」

結局、相手の土俵である不慣れなルールで7回ダウンを奪われながら、6ラウンドを闘い抜いての判定負けだった。

「それで試合後、猪木さんに『勝てなくてすいませんでした！』って謝ったら、『よく頑張った』って逆に褒めてくれて。小鉄さんも黒崎先生も褒めてくれたんですよ。

黒崎先生なんか、僕の試合を見て笑ったキックボクサーを怒ったらしいんですよ。『お前ら黙れ！　あれだけ折れない心を持ったヤツは見たことない』みたいなことを言ってくださったって、あとで聞きました。

ところが、名前は出しませんけど、新日本のある先輩に『お前、だらしないな』って言われたんですよ。その人ひとりだけですけど『なんだ、あの負けは』みたいな言い方をされたんで、それが悔しくて悔しくて、キックの道にのめり込んでいくきっかけになったたんですね。

本当に悔しくて、試合後のオフに1週間くらい山籠りまでしましたから。テントとランタン、食糧を持って自転車で丹沢（神奈川県）まで行って、ひたすら山の中を走ったり、木を蹴ったりしてましたね。ローリングソバットは、その時に思いついたんですよ。だから、あの先輩に言われた言葉は悔しくて仕方がなかったけど、のちの自分の糧にはなったので、今ではありがたいと思っていますね」

佐山は、マーク・コステロ戦で敗れたものの、自分が目指す格闘技に手応えも感じていた。

「僕の考えからすると、相手の打撃をかいくぐって、タックルに入れたら〝勝ち〟なんですよ。これが寝技もありのルールだったら、テイクダウンして、関節技を極めていたわけだから。実際、テレビではカットされてますけど、一度アームロックを極めてますからね。その時、マーク・コステロの『ギャー！』っていう悲鳴まで聞こえてるんですよ。だから本来ならそれで勝ちなんですけど、あのルールでは完璧に大反則なんで、さすがにテレビではカットしたんです」

相手の打撃をかいくぐってタックルで懐に入り、テイクダウンした後、最後は関節技を極める。グラウンドでの打撃の有無をのぞけば、のちの総合格闘技の必勝パターンを、佐山は77年にすでにやっていたこととなる。

「僕が黒崎道場に通い始めた理由は、打撃を学びたいというだけじゃなく、相手の打撃をかいくぐって組みつく技術を身につけたかったからなんですよ。マーク・コステロ戦では、それを体現できたので、勉強になりましたね。タックルで持ち上げて、頭から落とそうとしても難しいってこともわかったし」

大きな意味があったイワン・ゴメスとの出会い

佐山はコステロ戦の経験後に、以前ひとりの格闘家から言われた言葉を思い出したという。その格闘家とは、75年から76年にかけて、ブラジルから新日本に留学生として来ていた、イワン・ゴメスだ。

イワン・ゴメスは、74年12月に新日本がブラジル・サンパウロで興行を行った際、会場に姿を現して、猪木に対戦要求した「バルツーズ」のチャンピオン。バルツーズとは、もちろんバーリ・トゥード（VALE TUDO）のことだ。

新日本は、この未知の格闘家からの挑戦に対し、逆に「日本でプロにならないか？」と持ちかけて懐柔。ゴメスがこれを受け入れる形で来日し、新日本で約1年という短期間ながらプロレスラーとして活動した。佐山は新日本の新弟子時代に、このゴメスと出会っている。

「ゴメスは僕が新日本に入門した時にいたんですけど、周りの選手からはけっこう冷たくされていたんですよね。理由はわからないですけど、おそらく『猪木さんに挑戦してきた不届き者』みたいな感じに思われていたんでしょう。道場でのセメントでは誰にも極められなかったみたいだけど、プロレスはヘタだったようですし。まあ、いきなりやれって言われてもできないですよね。それで孤立してたんで、僕が山本小鉄さんから『世話してやれ』って言われたんで、付き人というか、友達みたいになったんですね。

ゴメスはブラジルからたくさん写真を持ってきていて、僕に見せてくれたんですよ。血まみれで闘っているような写真ばかりだったんですけど、それがバルツーズ、要はバーリ・トゥードの写真だったんですよね。

その時、ゴメスはさかんに『相手の上に乗ることが重要なんだ』ということを言ってたんです。ポジショニングなんていう概念は知らなかったので、『なんで関節技より、乗ることが大事なんだろう』って、当時の僕にはわからなかった。今は全部わかりますけどね。

そして打撃に関しても『バルツーズではこう蹴るんだ』って教えてくれたんですけど、キックボクシングの蹴りとはまったく違って、へんな打撃なんですよ。要は倒すための打撃じゃなくて、バーリ・トゥードにおいて、寝技に持ち込むためや、牽制するための打撃で、のちにグレイシーがやっていたようなことですよね。

そういったゴメスに教わったことを、マーク・コステロとやったあとに思い出すようになって。『キックボクシングの打撃を身につけるだけじゃなくて、寝技もある闘いで有効な打撃を、自分で研究しなきゃダメだな』と思ったんですね。だから新日本の若手時代にイワン・ゴメスに出会ったというのは、自分にとっては大きな意味がありました。のちにヒクソン・グレイシーを（『バーリ・トゥード・ジャパン・オープン94』で）日本に呼んだ時、ヒクソンも『彼（ゴメス）はタフだった』って言ってましたからね」

マーク・コステロ戦のあと、その敗戦をバネに、ますます格闘技での強さを追求するようになった佐山は、「新日本プロレス格闘技選手第1号」になるために、ブラジルでの修行も希望していたという。

タイガーマスクの〝原型〟はメキシコ

コステロ戦の半年後、実際に佐山に対して海外遠征の話が持ち上がる。新弟子あがりの若手が、デビュー2年で早くも海外に出るというのは当時の新日本では異例で、期待の大きさがうかがえたが、遠征先は佐山が望むブラジルではなく、格闘技とは真逆ともいえる、ルチャ・リブレの本場メキシコだった。

「メキシコ行きを聞いた時は、ショックでしたね。意味がわからなかった。もう自分はこれから格闘技をやるもんだとばかり思っていたし、そういう練習ばかりしてましたから。でも、会社命令だから断れないし、新日本のために頑張ろうって、気持ちを切り替えてメキシコには行きましたね。ただし、向こうに行っても格闘技の練習は欠かさない、ということを自分に課してました。

まず、サンドバッグを買って、道場に吊ってもらったんですよ。でも、そのサンドバッグは自分で〝中身〟を入れるもので、本当に砂をパンパンに入れたら、固くて全然パンチが打てないんです（笑）。それでどうしようかと思ったんですけど、メキシコはボクシングが盛んだから、サンドバッグがあるジムがけっこうあったんですよね。だから暇さえあれば、サンドバッグを使って蹴りの練習ばかりしてましたね。

あと、向こうでグアダラハラというメキシコ第2の都市にしばらく行ってた時、1週間ほどしたらレフェリーが『明日練習に来い』って言ってきたんです。『いいですよ。どんな練習ですか？』と聞いても、よく意味がわからなかったので、『まあ、いいか』と思って行ってみたんですよ。そしたら、そのレフェリーは実はプロレスの先生で。ルチャ・リブレをやるのかと思ったら、セメントをやってたんです。『こんなところでもやっているんだ』とびっくりしました。向こうの古い教えだったんでしょうね。

それで『(スパーリングを)やってみろ』って言うんですよ。相手はマキナ・サルバへという選手だったんですけど、彼がいちばん強いヤツだったらしいんですね。当時、僕が90キロぐらいで、彼は100キロぐらい。それでセメントのスパーリングやって、僕が30秒ぐらいで極めちゃったんです。首投げをやって、そのままVクロスを極めてね。そうしたら、そのプロレスの先生であるレフェリーが『もうわかった』って止めて。そこからレスラーの仲間内でもプロモーターでも、僕に対する接し方がガラリと変わったんですね。『さすがゴッチのボーイだな』みたいな感じで。だから僕が若い頃、日本でも海外でもやってこれたのは、その技術のおかげなのかなって思います」

このように半ば嫌々行ったメキシコ遠征だったが、ここで佐山は才能を早くも開花させる。現地のトップレスラーとなり、渡墨1年でメジャータイトルNWA世界ミドル級王座も奪取するのだ。

「やっぱり新日本プロレスの名前を背負って出てるわけだから、しっかり活躍しなきゃいけないと思ってましたし。あと現実的な問題として、メキシコに一人で行くということは、自分で食っていかなきゃならないんですよ。海外に行ってる間、新日本から給料は出なかったので、食うためにはプロモーターに気に入られてファイトマネーを稼ぐしかない。だから、生きていくために自分なりに向こうでウケる動きを研究したんです。それが空中殺法だったりするんだけど、僕はけっこう器用なんで、できちゃうんですよね。

誰も使っていない技を考えたり、誰かが使っている技をアレンジしてみたり。たとえばサマーソルトキックなんかは、食うために向こうで考えた技ですよ。ホテルの部屋の中で、椅子と机を土台にしてクルッと後ろに一回転してみて、『あっ、これはできるぞ』って思って、試合で使ってみたらできたんです。

あとは自分の蹴りを活かすために、ブルース・リーみたいな動きを取り入れたりして。僕のあのステップは、ブルース・リーとモハメド・アリのフットワークを参考にしたものですから。そういったものが、メキシコですごく評価されたんですね」

このようにして、空中殺法や華麗な蹴り技を使うタイガーマスクの〝原型〟は、メキシコで食っていくためにできあがったものだった。

「ただ、空中殺法にしても、ブルース・リーみたいな動きにしても、『本物じゃなきゃダメなんだ』とは思ってました。昔、極真空手に〝鳥人〟の異名を持つウィリアム・オリバーという選手がいたんですけど、僕自身は自分のスタイルとしてオリバーをイメージしていましたね。すごく動きが速くて、派手で華麗な技を使う選手でしたけど、それが〝見せ技〟ではなくて、本当にガチンコで強い。自分もそうならなきゃいけないって。相手と息を合わせて、見せるための空中殺法だったら、それは学芸会になっちゃいますから」

タイガーマスクより人気があったサミー・リー

こうしてルチャ・リブレの本場メキシコにおいても、新日本の教え、ストロングスタイルを胸に闘った期間は、2年間にも及んだ。そんな佐山をメキシコから〝救い出して〟くれたのが、カール・ゴッチだった。

「ゴッチさんがたまたまメキシコに来た時に会ったんですけど、体重が落ちて82キロくらいの体になった僕を見て、『こんなところにいたらダメだ。イギリスに行け。その前に、フロリダの家に来い』って言ってくれたんですよ。

それでフロリダのゴッチさんのところに行って、そうしたらちょうど藤原さんがいたので、一緒の家に住まわせてもらって。二人で1日に10時間くらい練習してたんじゃないかな。メキシコと違って腹を下すこともないし、ステーキなんかも安いから食べ放題だし。セメントの練習もできて、メキシコに比べたら天国みたいでしたね」

佐山はフロリダで3カ月過ごし、体重を増やしたあとメキシコに戻り、試合で飛行機代を稼いだあとイギリスに転戦した。ここで佐山の人気は爆発するのだ。

「イギリスはゴッチさんのブッキングで行ったんですけど、向こうに着いて、プロモーターの道場兼事務所みたいなところに行ったら、『なんで日本人が来るんだ？』なんて言われて。『あれ？　歓迎されてないな』と思ったんですけど。『ちょっとやってみろ』って言われて、裏の道場に行ってメキシコでやってた一連の動きをパパッとやってみせたら、コロッと目の色が変わったんですよ。すぐに車でマーシャルアーツショップみたいなところに連れて行かれて、ブルース・リーの衣装を持ってきて、『これで出てくれ』って言われて。僕は『ブルース・リーのいとこ』っていうことになったんです」

こうして佐山はイギリスで、ブルース・リーの従兄弟という触れ込みのサミー・リーに変身。瞬く間に人気に火がつき、現地では日本でのタイガーマスクブーム以上ともいえる、サミー・リー旋風を起こしたのだ。

「イギリスでの人気は、本当にすごかったんですよ。僕が出てくるだけでお客さんが沸いて、牽制の後ろ回し蹴りを空振りするだけで総立ちになってましたからね。

だから僕はタイガーマスクとしてのデビュー戦でダイナマイト・キッドとやった時、『お客さんが沸かないな。ウケてないのかな』と思ったんですけど、それは沸かなかったんじゃなくて、イギリスでの歓声がすごすぎたんですよね。これまで僕がいくら『サミー・リーはタイガーマスクより全然人気があったんだよ』って言っても誰も信用してくれなかったんだけど、最近はＹｏｕＴｕｂｅによってサミー・リーの動画が日本でも観られるようになって、ようやく信用してもらえるようになったんです（笑）」

そんなイギリスでの人気絶頂の最中の81年春、佐山に帰国命令がくだる。イギリスでの過密スケジュールを理由に、一度はこれを断るが、新間寿に「1試合だけでいい」と説得され、最後は「猪木の顔を潰す気か？」という殺し文句を使われ帰国を承諾。3年ぶりに日本に戻ってきた佐山は、「タイガーマスク」としてリングに上がることとなった。

「僕が最初に帰国を断ってたのは、イギリスのスケジュールもそうですけど、いちばんは『ストロングスタイルの新日本プロレスで、漫画のキャラクターであるタイガーマスクなんて、やっていいわけがない』と思ってたんです。だから、『タイガーマスクをやりたくない』じゃなくて、『本当にやっていいのか？』という抵抗感がありましたね」

ストロングスタイルで許されない動きはしない

そんな佐山の心配とは裏腹に、81年4月23日、蔵前国技館で行われたダイナマイト・キッドとの試合は、日本のファンにすさまじいインパクトを与え、タイガーマスクは一夜にして時の人となる。そして、この大ブレイクによって、「1試合だけ」のはずが、レギュラーで日本に定着することとなったのだ。このタイガーマスクとしての試合が続くことについて、当の佐山はどう感じていたのだろうか。

「それはもう会社の方針ですし、個人的な感情より、新日本のことを考えてました。だから、タイガーマスクとして闘うのはいいけど、そこに自分のためという気持ちはまったくなかったんです。新日本のため、猪木さんのためっていう気持ちですね。『猪木さんのた

81年4月23日、タイガーマスクのデビュー戦となったダイナマイト・キッド戦（蔵前国技館）

めなら死ねる』というような思いを、僕らが若手の頃はみんな持っていたと思いますから」

佐山は、タイガーマスクとしての自分の役割をまっとうするため、観客が驚くような新技を次々と考案。古舘伊知郎によって「四次元殺法」「四次元プロレス」と名付けられた、当時誰も見たことがない技の数々は、テレビの前の視聴者を釘付けにし、試合会場では観客だけでなく、他のレスラーたちも控室から出てきて、タイガーマスクの試合だけは観戦するほどだった。

タイガーマスク独自の技の数々は、どのようにして生まれたのだろうか。

「ヘッドロックからクルッと後ろに回ってレッグシザースで倒す技（タイガースピン）があるじゃないですか？　あれは僕が若手時代、マスクド・スーパースターがヘッドロックからレッグシザースに移行する動きをやっていて、『いい技だな』と思っていたんですよ。ただ、若手時代にそんな技を真似したら怒られちゃいますから、海外に出てから、自分なりに回転を加えたり、スピードを速くしたりして、アレンジしてできあがったんですよね」

なんとタイガースピンの原型は、ヘビー級マスクマンのマスクド・スーパースターの技だったのだ。では、タイガーマスクの代名詞であるタイガー・スープレックスや、空中殺法はどうだろう。

「タイガー・スープレックスは、もともとオースイ・スープレックスという技があったんですよね。ただ、それはジャーマン・スープレックスみたいに投げるのではなく、チキンウイングから後ろに転がして最後はブリッジで固める技だったんですけど。それを投げてしまったらいいんじゃないかと思ってやってみたら、ものの見事にハマったんです。

ただ、やられるほうはたまったもんじゃないですよね（笑）。当時は、あんな技『どうやって受け身を取ればいいんだ？』という感じだったと思いますから。リングの質もよくなった時代だったんで、できるようになったんですけどね。

空中殺法に関しては、ブランチャみたいな技はぶっつけ本番ですけど、マディソン・スクエア・ガーデンでダイナマイト・キッドにやったラウンディング・ボディプレスは練習しましたね。『こんな技ができるんじゃないか』と頭に思い浮かんだものを、道場で試しにやってみて。クロネコ（ブラック・キャット）選手相手だったと思うんですけど、やってみたらできたんで、試合でも使ってみたんですよね。ああいう回転するような技は、道場で試してから使ってました。

他にもいろんなことができたんですけど、新日本のストロングスタイルで許されないような動きは絶対にしない、ということは自分に課してました。メキシコにはもっと派手な動きがいろいろあって、僕もやろうとすればできたけど、ああいうのはやっちゃいけないなって。だからマスクは被っていましたけど、新日本の若手時代に叩き込まれたことをずっと実践していましたね」

闘いに命を張っていたダイナマイト・キッド

ダイナマイト・キッドとのデビュー戦以降、タイガーマスクは常に人々を魅了する極上のプロレスを展開してきたが、佐山の頭の中には、かつて猪木に言われた「お前を格闘技選手の第1号にする」という言葉がずっと残っていた。タイガーマスクをやりながらも、いつかは〝猪木との約束〟が果たされるものと信じていたのだ。

しかし、佐山が海外遠征に出る前と、タイガーマスクとして帰ってきたあとの新日本の状況は、状況が大きく変わっていた。猪木の異種格闘技路線は、80年2月のウィリー・ウィリアムス戦ですでにいったん終止符が打たれており、新日本マットから格闘技色は一掃され、華やかなガイジンレスラーとの闘いが中心となっていた。ハルク・ホーガンが人気を博し、タイガーマスクの空中殺法目当てのちびっ子ファンが多数詰めかける会場に、もはや殺伐とした格闘技は必要とされていない。佐山がそんな新日本の変質に気づくのに時間はかからなかった。

「僕はメキシコに行っても、イギリスに行っても、そして日本に帰ってきてタイガーマスクになってからも、猪木さんの『お前を格闘技選手の第1号にする』というその一言を信じてやっていましたから。『いつかは格闘技を』という想いを抱きながら、プロレスをやってきていたんですよ。でも、タイガーマスクを始めて1年ぐらいして、『俺はここにいても、格闘技はできないんだな』と完全に気づいてしまったんです。あの頃はもう、新日本全体がプロレスブームの真っ只中で、興行優先、視聴率優先、とにかく派手なことをやってくれ、みたいな感じになってしまっていた。そして肝心の猪木さんも（個人的事業である）アントン・ハイセルの資金繰りで手一杯で、病気（糖尿病）でもあったし、僕が格闘技をやる話なんか、おくびにも出せない状況。そして、僕に求められてるのは、とにかくタイガーマスクであることだったので、『ああ、格闘技をやるのは、もう無理なんだな……』と」

それでも佐山は、新日本に対する責任をまっとうすべく、タイガーマスクとして闘い続けた。

「タイガーマスクが嫌だったわけじゃないんです。ダイナマイト（・キッド）との試合なんかは、彼の圧力がとにかくすごかったから、僕も毎回必死で闘っていましたからね。

僕はダイナマイトと闘いながら、『こいつは命張ってるな』と感じる瞬間が何度もありました。常に捨て身というか、『レスラー生命が長くなくても構わない』という覚悟が伝わってくるんですよ。たとえば、彼の得意技ダイビング・ヘッドバットだって、あそこまで遠くに飛ぶ必要はないんです。あんな飛距離で飛んだら、確実に自分のヒザにもダメージを負う。でも、観客を沸かせるためならそこまでやるのが、彼でしたね。

やられっぷりもすごいですし。攻撃もひとつひとつのパンチ、キックがすごいですよね。長州（力）さんもひとつひとつのキックやストンピングがすごいんですけど、それに通じるところがありますね。

だからダイナマイトとの試合は一瞬でも気を抜いたら終わりなんです。そういう緊張感が常にありました。ただ、その緊張感が心地よかったんですよ。レスラーって、誰とどんな試合をしたかって意外と憶えてないものなんですけど、僕もタイガーマスクとしてのデビュー戦と、マディソン・スクエア・ガーデンでやった、ダイナマイトとの2試合だけは、脳裏に浮かんできますからね」

ストロングスタイルの空洞化

そしてダイナマイト・キッドとは別の意味で思い入れがあるのは、やはり小林邦昭との一連の闘いだという。

「小林邦昭さんとは、もともと新日本の前座でしのぎを削った仲ですから、タイガーマスクになってからも自分が考えるストロングスタイルの試合ができましたね。

小林さんってすごくいい人なんですよ、あんなにいい先輩はいません。威張らないですし、怒られたとかそんなことは一回もない。メキシコでも仲良かったですし。だから小林さんがメキシコから帰ってくるとわかった時、自分との闘いで大スターになってほしいと思ったんです」

佐山の思惑通り、タイガーマスクvs小林邦昭は激しい試合となり、さらにタイガーの覆面を剝ぐというタブーを犯したこともあり、小林は〝虎ハンター〟の異名を持つヒールとして大ブレイクを果たした。

また、小林との抗争は、タイガーマスクの新たな魅力も引き出した。デビュー以来、タイガーマスクは毎週次々と現われる敵を華麗な技で倒していく完全無欠のヒーロー。ある意味、子供向けのヒーロー番組の主人公と同じでもあった。しかし、小林という宿敵を得たタイガーマスクは、破られたボロボロのマスク姿で怒りの感情を剝《む》き出しにしながらケンカ腰で闘う、それまでとは違うスタイルに変化。生身の人間としての魅力を見せはじめ、子供だけでなく、高校生・大学生や大人のファンも獲得していったのだ。

「僕らが若手時代、猪木さんがよく『どんなに素晴らしい試合よりも、街のケンカのほうがおもしろい』って言ってたんですよ。要は感情剝き出しのケンカこそが、人の目を惹きつけるっていうことですよね。それで僕と小林さんは若手時代、お互いライバル心があったから、本当にケンカに見えるような気迫剝き出しの試合をしていたんですけど、タイガーマスクになってからも、その気迫を出しながら、ストロングスタイルの試合ができたんですよね。それは小林さんに対するリスペクトがあるからですよね。

プロレスって、やっぱり相手を尊敬できないといい試合にならないんです。たとえば、僕は試合後に頭に来て、レス・ソントンを蹴飛ばしてKOしちゃったことがありましたけど、彼の試合には相手へのリスペクトがなかった。それで、試合が終わってから蹴ったんですけどね。

彼がなんでそういう試合をしたのかわからないですけど。ただ単に、負けたくなかったんじゃないかと思うんですよね。そういう自分が勝ちたい、勝ちたい、だけのレスラーほど、〝刀〟を持ってないレスラーが多い。刀を持ったレスラーほど、プロとしてしっかり

83年2月8日、小林邦昭とのWWFジュニアヘビー級王座防衛戦（大阪府立体育会館）
©Essei Hara

と仕事ができるんですね」

佐山は格闘技を志しながらも、新日本のプロレスに対してはプライドを持っていた。それだけに、刀を持っていない選手との試合は、佐山にイライラを募らせた。

「ダイナマイトやマーク・ロコ（ブラック・タイガー）、小林さんらとは、しっかりとしたストロングスタイルの試合ができたんですけど、メキシカンが相手だとルチャ・リブレしかできない選手もいて、どうしてもメキシカンスタイルになってしまうんですよね。そうなると学芸会みたいなことをやり始める人もいて、『これが続いたら新日本がダメになるな』と思いましたね」

新日本は、タイガーマスクの対戦相手として、メキシコのマスクマンを毎シリーズ呼んでいた。覆面を被り、空中殺法を得意とする彼らは、タイガーマスクの相手としてうってつけと考えたのだろう。しかし、それは佐山が新日本でやりたい闘いではなかった。

「あるメキシカンとの試合後、小さい子供のファンにも言われましたもん。『僕でもホントじゃないってわかる』と。子供のファンは、すごく真剣に見てくれているから、本質がわかったりするんですよ。逆に大人は、タイガーマスクがウケすぎちゃっていたので、それが見えなくなっていた。『飛んだり跳ねたりしていればいいじゃないか』みたいに思ってる人が多かったんです」

こうして、タイガーマスクの人気が上がれば上がるほど、新日本のストロングスタイルが空洞化していくことに、佐山のストレスは限界に達しつつあった。

「そういう試合が続くと、プロレスに対して誇りが持てなくなってくるんですよ。『俺はなんのためにやってるんだ?』って。しかも新日本に内紛が起きて、みんながバラバラになっていってたし。その後のクーデター未遂事件につながる動きなんかもあって、嫌気が差してしまったんです。『もう名声も何もいらない。これからは、自分のやりたい格闘技を、自分の手でイチからやっていこう』とね」

そしてタイガーマスクは、83年8月4日の寺西勇戦を最後に、新日本とテレビ朝日に契約解除通告書を送付し、人気絶頂のままリングを去った。

「僕はタイガーマスクをやめる時、『プロレスのためにやめる』って言ったんですよ。このままじゃプロレス界がダメになると思ったから。やめたあとは猪木さんとも会ってじっくり話して、クーデターとかそういったことの誤解も解いて、円満に別れたんです」

それまで佐山は「新日本のために」タイガーマスクとして闘い続けたが、皮肉にもタイガーの人気が爆発することで、新日本からストロングスタイルが薄れ、金銭的な問題も引き起こした。そうなったすべての原因にあるタイガーマスクを、佐山は自ら葬り去ったのだ。

ショウジ・コンチャの〝正体〟

新日本時代の末期、佐山の背後には一人の男がいた。タイガーマスク人気絶頂時に佐山の運転手を務め、次第に私設マネージャー・代理人のような立場で振る舞い出すようにな

82年1月28日、ダイナマイト・キッドとのWWFジュニアヘビー級王座決定戦（後楽園ホール）

るショウジ・コンチャだ。

「ショウジ・コンチャは、もともと新日本の興行を買っていたプロモーターだったんですよ。それで、たまたま近くに住んでいたので、車で送り迎えをしてくれるようになって付き合いが始まったんです。

僕は新日本を辞めたあと、『ようやく自分がやりたかった格闘技ができる』っていう解放感でいっぱいだったんですよ。でも、それは自分が選手になるんじゃなく、新格闘技、シューティングができる人材を育てなきゃいけない。選手を育てる以前に、まず先生になる人たちを育てなきゃいりないと思ってたんです。

そうしたらショウジ・コンチャは、『自分は自動車の会社なんかをやっていて、その傍らで格闘技の道場をつくるから、そこで人材を育てたらいい』って言ってたので、僕はその案に乗ったんです。『交渉ごとや、表でしゃべることは自分がやるから、タイガーはジムに専念してくれ』って言われて。だから最初は、あくまで僕がやりたい格闘技をサポートしてくれる協力者だと思っていたんですけど、徐々にそうじゃないことに気づくんですよ」

佐山は新日本退団後、都内に「タイガージム」をオープンさせるが、事実上のオーナーは「会長」を名乗ったショウジ・コンチャだった。タイガージムは、あの人気絶頂だったタイガーマスクがオープンしたジムということで、入会金3万円、月会費1万5000円と高額ながら入会者が殺到した。

しかし、タイガージムは高級スポーツクラブ内にあったため、賃貸契約上、格闘技のジムでありながら会員に格闘技を教えることが許されず、形を変えたファンクラブのようになっていた。このあたりから、佐山はコンチャに対し、不信感を抱くようになる。

「いま思えばショウジ・コンチャは、僕が本気で格闘技をやろうとしているなんて信じてなかったんでしょうね。だからタイガージムに関しても、『元タイガーマスク佐山聡』の知名度を利用して、金儲《もう》けをしようとしか考えてなかった。

タイガージムでは契約上、会員に格闘技は教えられなかったけど、インストラクターや内弟子だけの練習ではガンガン格闘技の練習をしてたんですよ。それで一度、僕の打撃で弟子が鼻血をドバーッと出して、ジムの絨毯《じゅうたん》部分が真っ赤になっちゃったことがあるんですけど、ショウジ・コンチャは『まさか?』と思ったでしょうね。『本当に格闘技の練習をやってるとは思わなかった』みたいな感じで。そもそもプロレスラーをバカにしていたような部分もあったと思います。

その後、いきなり『全日本プロレスに出てくれ』とかいろんなことを言い出したんで、いよいよ『これは怪しいな』と思ってきた頃、Nさんという方が出てきて、ショウジ・コンチャの〝正体〟を全部教えてくれたんですよ。Nさんはある会社の社長なんですけど、以前コンチャにだまされた経験があったので、『あいつはとんでもない男だよ』って。それでだまされていたことに完全に気づくんです」

佐山は17歳で新日本に入門し、19歳で海外遠征に出て、帰国後すぐにタイガーマスクとして国民的なスターになってしまった。ある意味、〝天才子役〟のようなもので、無垢でまだ世間をよく知らない〝金の成る木〟として、たくらみを持って近づいてくる人間たちが多かったのだろう。

だからこそシューティング初期、佐山は〝タイガーマスク〟から、離れよう、離れようとしていたのだ。

「もしかしたら、沢村忠さんと似たような状況だったのかもしれないですね。沢村さんもキックボクサーとして国民的なスターになったあと、沢村さんで金儲けしようと近づいてくる人がたくさんいたみたいなんです。だからこそ、やめたあとはいっさい表には出ずに、テレビとかそういう世界とは縁を切ったんだと思うんですよね。

実は沢村さんは引退後、僕の関係者の会社に勤めていたので、のちに知り合うことができたんですけど、本当に人格者で尊敬できる人です。おじいさんが空手の先生をやっている武道家で、沢村さんがキックボクシングにいった時、一度勘当されたんですね。『なんで、そんな拝金主義な世界に手を出すんだ』みたいな感じで。

でも、沢村さん本人はキックボクシングをやっても、テレビのスターみたいに祭り上げられるのは本意じゃなかったんですよ。ショー的な要素を含んだ闘いも、求められるから責任感でやっていただけで、本当の考え方や姿勢は武道家です。そこが自分に似ていると言ったらおこがましいけど、僕自身は共感する部分がありましたね」

テレビが生んだ70年代のスーパースター沢村忠は引退後、〝キックの鬼〟としての過去を封印し、生涯表舞台から姿を消した。一方、同じくテレビが生んだ80年代のスーパースター、初代タイガーマスク佐山聡は、過去の葛藤を乗り越え、今も黄金の虎として活動している。

「蔵前でダイナマイト・キッドと闘ってから、もう40年が経ちますけど、いまだに50歳前後の大人の男性が、僕と会うだけで涙を流して喜んでくれたりするんですよ。『やっと会えました』みたいに言われたりして。それは僕にとっても、本当に幸せなことですよね。

そういう多くのみなさんの心に、タイガーマスクが今でも深く心に残っているんだと知ってからは、僕自身、もうタイガーマスクを裏切れないです。『自分がやってきたことには意味があったんだ』と、今になって思います。

だから沢村さんのように過去を封印するという方法もあるし、僕自身、人前に出たりするのはそんなに好きじゃないけど、これからも初代タイガーマスクとして、猪木イズムのプロレスを残して発展させていかなきゃいけないと思ってますね。

〝初代タイガーマスク〟というのは、僕一人で作り上げたものじゃないんですよ。僕はよく『タイガーマスクとは、新日本プロレスの叡智《えいち》、猪木イズムの結晶です』と言ってるんですけど、僕が新日本の若手時代に3年間叩《たた》き込まれたストロングスタイルなくして、あのタイガーマスク人気というのはありえなかった。だからこそ、その思想は残していきたいですね」

プロレスラーとしての土台をつくった佐山からの〝金言〟

証言

髙田延彦

取材・文●堀江ガンツ
撮影●タイコウクニヨシ

PROFILE

高田延彦　たかだ・のぶひこ●1962年、神奈川県生まれ。80年、新日本プロレスへ入団。84年に第一次UWFに移籍するも、活動停止後の86年から新日本に再参戦。前田日明の解雇により、88年、前田らとともに新生UWFを設立。大きなムーブメントを巻き起こしたが、フロントと選手間の不和などが原因で新生UWFは解散。91年にリングス、藤原組、UWFインターナショナルに分裂。高田はUインターのエース兼社長に。“プロレス最強”を掲げ躍進するも、96年12月にUインターは解散。97年、98年の2度にわたりヒクソン・グレイシーとPRIDEのリングで対戦。2002年、PRIDE.23の田村潔司戦で現役引退。現在はRIZINの統括本部長を経て、解説などで大会を盛り上げる。

〝青春のエスペランサ〟

新日本プロレスの若手時代、高田伸彦（当時）が『ワールドプロレスリング』実況アナウンサーの古舘伊知郎からそう名付けられたのには、初代タイガーマスクの存在が大きく影響している。

1983年8月10日、タイガーマスクこと佐山聡が、新日本プロレスとテレビ朝日に宛てて内容証明付きで契約解除通告書を送付し、プロレスブームを牽引したタイガーマスクは人気絶頂のまま突如引退（新日本退団）。それにより、日本時間の8月13日にカナダ・カルガリーで組まれていた試合に穴が空いてしまった。

この試合はテレビ朝日の中継も予定されており、代替カードを用意しなければならない。そこでアントニオ猪木がタイガーマスクの代役として指名したのが、当時キャリア2年で自らの付き人である高田だった。

この大抜擢を受け急遽、初のテレビマッチに出場した高田は、はつらつとした闘いぶりを見せ、アソール・フォーリーに回転足折り固めで勝利。師匠・猪木の期待に見事応えてみせた。この時、高田に付けられた異名が「青春のエスペランサ」だった。

エスペランサとは、若き日の猪木が家族で移住したブラジルの公用語であるポルトガル語で「希望」を意味する言葉。当時21歳の高田伸彦こそ、タイガーマスクを失い窮地に陥った新日本の希望の光だったのだ。

佐山を絶賛していたゴッチ

そんな髙田が、佐山と初めて会ったのは1981年4月、初代タイガーマスクのデビュー戦の時だった。

「俺が新日本に入門した時、もう佐山さんは海外遠征に出ていて、新日本の寮にはいなかったんだよね。だから初めて会ったのは、タイガーマスクとしてイギリスから帰国した時。蔵前国技館のタイガーマスクデビュー戦に関してはよく憶えている。あれは衝撃的だったね。

まさにアニメの世界から飛び出してきたような、しなやかな美しい動き。あらゆるフォームが流れるようで、フットワークも含めていちいちカッコいい。見たこともない技のオンパレード。『なにこれ⁉』って。すべてが驚きだったね。

実は、まだ佐山さんがイギリスにいる頃、先輩から『佐山という50年に一人の運動神経を持つ男がいる』と、聞かされてたのよ。どうすごいのか想像もつかなかったけどタイガーマスクのデビュー戦を見て、すべてに合点がいった。それぐらい衝撃的なパフォーマンスでしたね。対戦相手も天才ダイナマイト・キッド、凱旋一発目としては百点満点の試合でしょう」

4・23蔵前国技館でのダイナマイト・キッド戦後、タイガーマスクの人気は瞬く間に爆発。それが全国に広がっていく過程を、当時若手だった髙田はよく憶えている。

「それまで新日本は、もちろん猪木さんがぶっちぎりのいちばん人気、タイガーマスクの人気は一気にそれに迫るくらいの勢いだった。

毎週金曜夜8時のゴールデンタイムで放送だからね。それを全国の人が見れるわけでしょ。テレビだけが娯楽の王様だった時代に、毎週あれだけわかりやすく、誰が見ても『すごい！』と思わせるプロレスを見せていたんだから、あっという間に火がついたよね。それは近くにいた我々も肌感覚で実感できた。地方に行くと、老若男女、とくに子供たちの声援がすごかった。タイガーマスクによって、プロレスの客層が一気に広がったんだよね」

全国どこに行っても、子供のファンを中心にすさまじい人気を獲得していたタイガーマスク。毎日、ファンに揉みくちゃにされるスーパースターの身を守るのも髙田ら若手の仕事だった。

「タイガーマスクが入場する時の先導を我々若手がやるんだけど、ものすごい数のファンが殺到するのよ。当時、控室からリングまでの入場通路っていうのは平場だから、そこに細いロープだけ張ってたって、興奮してるファンには知ったこっちゃない。何百人も押し寄せてくる。

ファン心理として、選手の近くに行きたいって思うのは当たり前だからさ。そのなかで、あのタイガーマスクが入場するわけでしょ。いくら我々若手が制しようとしても数人vs何百人だよ。おしくらまんじゅうをやったって勝てるわけがない(笑)。

スター選手が出てきたらみんな揉みくちゃにされてね。なかには行儀の悪いヤツがいて、ガウンやマスクを引っ張ったり、わからないと思ってドサクサに紛れてド突いてくる輩もいるわけだ。そういうヤツを現行犯で捕まえて、お仕置きするのも我々若手の役目。稀に本人がそんな場面に出くわすと、佐山さんも瞬間湯沸かし器だから、立ち止まって怒鳴りつけてたよ（笑）。『てめえ、コノヤロー！』ってね（笑）。

タイガーマスクは子供たちのヒーローだから、何をやっても怒らないだろうと、勘違いをしている人もいるわけよ。ヒーローであっても生身の人間だからね、心無いことをされればカチンとくるし、我々も度を超えたヤツには、それ相応の対応をしなければならなかった。仕事だからね」

そういったブームの最中の巡業での喧騒は憶えているが、練習中の佐山の姿は、意外にも憶えていないと髙田は語る。

「佐山さんが新日本の道場にいる風景を、あまり憶えてないんだよね。それでも数少ない俺の記憶から引っ張り出すとさ、ウエイトトレーニングはやってなかった気がする。逆立ち式プッシュアップ、縄跳び、ロープ登りといった自分の体重を使ったトレーニングがほとんどじゃなかったかな。

俺がフロリダの（カール・）ゴッチさんのところに練習に行かせてもらった時、ゴッチさんは『サヤマはこんなこともできた』とか『サヤマはこれだけやったぞ』とか、やたらと佐山さんの名前を出してたんだよ。それだけゴッチさんの評価も高かったんだと思う。

ゴッチさんの家の近くにはすごく高い木が何本もあってさ、その高い木の上の方からロ

UWF

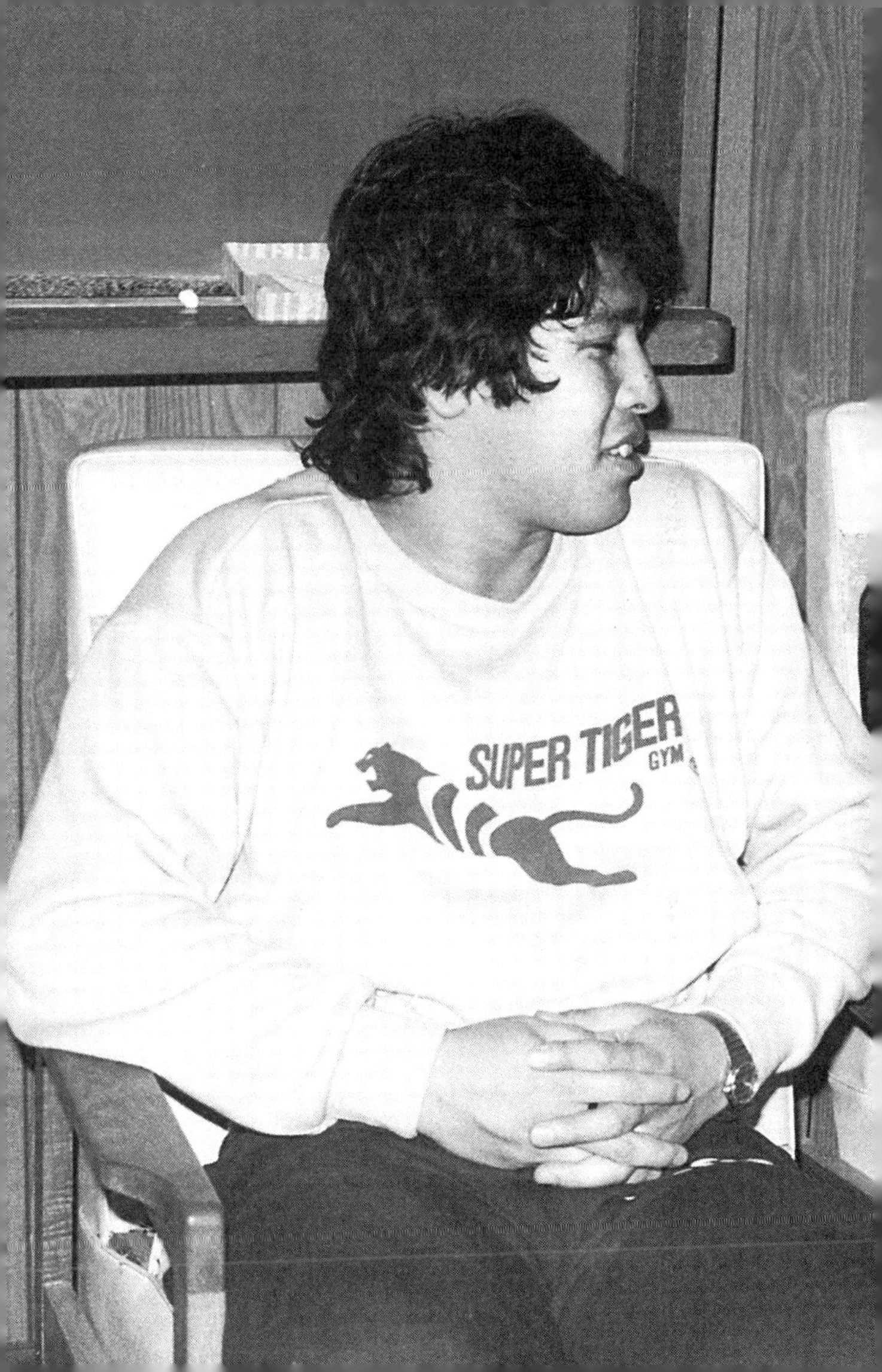
SUPER TIGER
GYM

ープが吊るしてあって、初めて見た時は『これを登るの!?』と思ったほど。ゴッチさんが、『サヤマはあの木のてっぺんまで何回も登ってるぞ』って言うから、俺も登ったはいいけどあまりの高さに下りる時に怖くてさ。ホントにロープから手を離して落ちたら大ケガするくらいの高さで、命綱なんてないからね。なるほど、佐山さんはすごいなと思ったよね。

実は、佐山さんとスパーリングをやった記憶がないんだよね。印象に残るシーンがあれば忘れないからさ。相手はタイガーマスクだもの、やっていればどれくらい強かったのか、記憶に残っているはず。おそらくやってないと思う。

憶えてるのは、練習中の姿よりも体型だね。俺は先輩の練習方法や筋肉のつき方なんかをよく観察していたんだけど、プロレスラーとして佐山さんの体はそんなに大きいほうではないけど、前腕と背中、そして、カーフ（ふくらはぎ）とハムストリング（太腿の裏側）の筋肉が非常に発達していた。上体の筋バランスと下半身の筋肉がバランスよく鍛え上げられていたイメージ。ケツもブリッとしてるじゃん。

だからあの瞬発力やしなやかさ、そして動きの美しさというのは、下半身とコアの強さに支えられてるんだろうね。バーベルを使ったウエイトトレーニングはほとんど見たことないから、上半身は筋骨隆々じゃないけど、ナチュラルでやわらかそうなフォルムをしているんだよね。他人に見せないようにやってたのかな（笑）。まあ、やらなくても他の人よりもできちゃうからさ。そういう意味でも天才ですよ」

タイガーマスクに素人が挑戦!?

タイガーマスクがデビューした翌82年、『週刊少年マガジン』誌上で「タイガーマスクへの挑戦者募集」なる企画が持ち上がった。当時、同誌では梶原一騎原作の漫画『プロレススーパースター列伝』が連載中。この作品は、虚実入り混じったプロレスラーの伝記漫画で、ちょうど「タイガーマスク編」が佳境を迎えていたところだった。

漫画では梶原一騎の脚色で、タイガーマスクが武道の達人であることと数々の武勇伝が描かれていた。その延長で実際にタイガーマスクが、腕自慢たちの挑戦を受けるという企画が持ち上がったのだ。

プロレスラーが真剣勝負で素人の挑戦を受ける。サーカスを起源の一つに持つアメリカマットでは、そのようなことが興行のアトラクションとして行われたことがあるが、日本では〝道場破り〟以外に聞いたことがない。ましてやスター選手がそれを行うというのは前代未聞。もし負けるようなことがあれば、その選手の商品価値だけでなく、プロレス自体の強さのイメージも暴落してしまうリスクがあるからだ。

なぜ、そんな企画が実現したのか。当時、梶原一騎との企画交渉を請け負っていたのは、〝過激な仕掛け人〟こと新日本プロレス営業本部長の新間寿。プロレス団体の取締役でありながら、常にファン目線で純粋に試合を観ていたという新間が、「佐山なら、素人の挑戦者など簡単に倒してくれるに違いない」と、引き受けてしまったのだろう。

しかし、タイガーマスクにもしものことがあってはいけない。そこで急遽、予選が行われることとなった。「新日本の若手レスラーと闘い、互角以上の勝負をした者だけが、タイガーマスクに挑戦できる」という条件をつけたのだ。

これはつまり、「タイガーマスクにたどり着く前に潰してしまおう」ということ。その役目を任されたのが、藤原喜明をはじめとした新日本道場の猛者たち数人。そこにデビュー1年足らずの髙田にも白羽の矢が立ったのだ。

「あれは東京体育館の、客入れ前ね。その数日前だったと思うけど、『タイガーマスクへの挑戦者決定戦みたいなことをするから、その相手をしろ』と。要するに、その挑戦者を潰して終わらせろってことを言われた。最初は『えっ、俺ですか⁉』って聞き直したよ。まだデビュー1年も経ってないペーペーの新人で、先輩がたくさんいるのに『俺なんかにやらせちゃっていいのかな？』って、『もしやられたら』って思うじゃない。

でも、我々に『NO』のチョイスはないからさ。スイッチを入れて当日を迎えて、まだお客さんが入ってないガランとした体育館の中で、自分も含めて4～5人くらいが相手をしたのかな。

やる前は、緊張したね。新人とはいえライオンマークを背負ってる以上は、きちんと仕事をしなきゃいけない。もし負けたらこの世界にはいられないと覚悟してたからさ。相手のレベルが高いか低いかもわからなかったけど、とにかく、タイガーマスクにたどり着くにはかなり距離があるというところを、見せつけなきゃいけない。そういうスイッチが自然と入って、始まってしまえばさっと終わったけどね」

挑戦した人たちの素性がわかれば格闘技経験者がほとんど。まだデビューして8カ月ほどの新人が、絶対に負けられない初めての他流試合で、相手の力量を見極めながら加減するような余裕はない。決死の覚悟で挑戦者を潰したのだ。

「指令が出た時、『なんでこんなことやらなきゃいけないんだ』とも思ったけど、終わったあとは『刺激的な時間だった』って、どこか不思議と清々しい気持ちになったね。あの感覚って、普段の試合じゃ味わったことがないじゃん。プロレスラーとしてのプライドが満たされたというのかな。

もしあの時期、新日本がああいう方向にも舵を切っていたら、どうなっていたのかなって思うよね。いきなり、100パーセント総合格闘技みたいなことにしなくても、二刀流みたいな感じでやってみても面白かったんじゃないかと思う。そういう路線をつくっていたら見える風景が違う団体になってたんじゃないかな。結果、あの企画から発想を膨らませることなく終わっちゃったからね。観客もいないところで、映像にも残さなかったりど、新日本が本格的に格闘技に取り組んでいたら、佐山さんが辞めることもなかったかもしれない。たられればの話になっちゃうけど、団体が割れることもなかったのかなと思ったりするね」

プロレスを嫌々やっていたと思うのは間違い

この〝他流試合〟が行われたシリーズ終了後、髙田はいつものように港区の青山にあった新日本プロレス事務所に給料をもらいに行った。その際、会社から「この前の〝出演料〟入れといてやったからな」と言われ、給料袋を手渡された時に、言いようのない怒りが込み上げてきたという。

「当時、我々よりキャリアがあって、高額のギャラをもらっている人がたくさんいたのに、そういう人は出ていかず、前座の俺たちが出ていってさ。『出演料』なんて軽い言葉で片づけられた。会社の命令とはいえ、カネのためにやったわけじゃないからね。出演料に対しては、気分はよくなかったね」

お客も誰も見ていないなかで、素人相手のリアルファイトのようなリスクしかないことをプロがやるのは、本来ナンセンスだ。しかし、「プロレスこそ最強の格闘技」「キング・オブ・スポーツ」という、新日本が掲げたイメージを守るためには、時にはやらねばいけないことでもあった。

それをやるのは、決まって普段は日の目を見ない中堅、若手選手たち。髙田たちは、そんな〝汚れ仕事〟をプライドを持って引き受けたにもかかわらず、会社からの評価は低く、〝やらない人たち〟がテレビに出て、多くのギャラをもらう。そんな不条理への怒りを、のちに第一次UWFに集まったレスラーたちは皆、胸の奥に抱えていた。

若手時代、不慣れなキックボクシングルールで全米プロ空手ミドル級ランキング1位のマーク・コステロと堂々と闘いながら、判定で敗れたことで、先輩から「なんだ、だらしないな」と言われ憤慨した佐山もその一人だっただろう。

「当時、我々の世代ぐらいまでの一部の新日本のレスラーは、どこかしら世間に対するコンプレックスを持ってプロレスをやってたと思う。もちろんプロレスラーとしての誇りは持っているんだけど、同時に葛藤も抱えていた。それはタイガーマスクとして大スターだった佐山さんも同じだったと思う。

これは俺の個人的な想像だけど、佐山さんはそういったプロレスの矛盾に向き合いながらスーパーヒーローを演じていたんじゃないかなって。タイガーマスクは飛んだり跳ねたりだけじゃないんだよ、と。そういう言葉を佐山さんから直接聞いたわけじゃないけど、結局のちにシューティングという方向に向かっていったわけだから。そういった雰囲気を意図的に醸し出していたんじゃないかな。周囲に対して『わかってくれ』というメッセージを発していたようにも思うね」

佐山は、新日本でのタイガーマスク時代から、「本当にやりたいと思っていたことは格闘技だった」と公言している。そのためプロレスを嫌々、ルーティンでやっていたように思う人もいる。しかし、それは間違いであることが髙田の証言を聞くとわかる。

「ある時、佐山さんから『ちょっと技を見てくれない?』って道場に呼ばれて、タイガーマスクの新技を見せられたことがあるの。それは相手が倒れて寝ていると想定したうえでコーナーに登って、空中にジャンプしてムーンサルトみたいに体をひねりながら回転して、最後は腹這いで相手の上に落ちるんだけど、それも着地ギリギリで落ちるからやり手にとっては非常に危険な技なの。

初見で見た時はどんな動きをしたのか整理も理解もできなかった。それくらいの超難度の技だね」

おそらく、この時、佐山が高田に見せたのは、初代タイガーマスク〝幻の必殺技〟と呼ばれる「タイガー・トルネード・プレス」だろう。初代タイガーの晩年、プロレス誌のグラビアで公開したものの、実際に試合で使われる前に引退してしまったことで、日の目を見なかった技だ。

当時のプロレスでは考えられぬほど難易度が高く、その後、獣神サンダー・ライガーが「スターダスト・プレス」の名称で使おうとしたが、なかなか実戦で使うにはいたらなかった。結局、この技が日の目を見るようになったのは、佐山が考案してから10年以上経ってから、新生FMWのエース、ハヤブサが「フェニックス・スプラッシュ」の名で使うようになってからだった。

「道場であの新技を見せられた時、『やっぱり、この人、普通じゃないわ』と感服したんだけど、一方で『こうやって苦しまれているんだな』とも思った。タイガーマスクが、それまで見たこともない動きを見せても、それを何度か見たら観客は見慣れてきて、『もっとすごい技を見せてくれ』ってなるのよ。そんなファンの欲求を、佐山さん自身、感じていたと思う。

いくら並外れた運動神経の持ち主とはいっても、限界がある。他方、プロフェッショナルとして、お客さんに喜んでもらうために、限界ギリギリまでタイガーマスクらしい華麗な技を日々考えながら、道場で実験していたんだなって。その一端を俺は見せてもらった。結局、俺が道場で見た技は、あまりにもリスクが高くて実際の試合では使わなかったんじゃないかな。きっと、そういうお蔵入りになった技は、他にもいくつかあったんだと思うよ。

実際に試合でよく使っていた、相手をコーナーに振って、ロープを足で蹴り上げ、片足で相手の胸を蹴ってバック宙するサマーソルトキックという技があるでしょ？

俺がセコンドについている時に一度、汗で足をすべらせて頭から落ちて、試合中に数秒気を失ったことがあった。テレビマッチじゃなかったから、なんとか場外で時間を稼いで意識を取り戻して最後までやったんだけど。一歩間違えたら大事故になるような、リスクのある技を地方でも毎日やっていた。佐山さんは本当に真剣にタイガーマスクと向き合っていたんだと思いますよ」

佐山の代役に、猪木は髙田を抜擢

83年8月10日、新日本に激震が走る。佐山聡が、新日本とテレビ朝日に宛てて、内容証明付きで契約解除通告書を送付。タイガーマスクが人気絶頂のまま、リングを去ってしまったのだ。

髙田はこのニュースをロサンゼルスで聞いた。

第1回IWGP決勝戦で、ハルク・ホーガンのアックスボンバーでKOされた猪木は、続く「サマーファイトシリーズ」を欠場。家族とともにロサンゼルスで休養を取り、そこに付き人の髙田も同行していたからだ。

「佐山さんが新日本を辞めたって聞いた時は、本当に驚いたね。その時点でも人気絶頂だったからさ。関係者に何度も聞き直したもの。

でも、あらためて思い返してみると、近い将来、そういう日が来るんじゃないかと、そんな予感はしていた。まだ若手だった俺には、上の選手や会社の幹部が何を考えてどう動いていたのかは知る術もなかったけど、会社自体ゴタゴタしていたのは漏れ伝わってきていた。

たぶん、佐山さんの中で生まれた小さな不満のタネが徐々に育ってきて、俺がそう感じ始めた時には、もうあの人の中で行動に移すほど成長してたんじゃないかな。『何が原因』という明確なことがわかっていたわけじゃないんだけど。佐山さんが辞めたっていう話をアメリカで聞いた時、ショックを受けたのと同時に『ああ、ここで来たか』と思ったことも確かだね」

新日本を大きく揺るがした、タイガーマスクの突然の引退。ここから髙田の運命も大きく動き出す。

タイガーマスクが出場するはずだった8月13日のカナダ・カルガリーでの試合。師匠・猪木から、髙田が代役に指名されたのだ。

「あの時、もともと猪木さん一行は、ロサンゼルスからカナダに立ち寄り、カルガリーでタイガーマスクと合流する予定だった。ところが、その前に佐山さんが辞めてカードに穴が空いた。いきなり猪木さんから、『佐山の代わり、お前でいくぞ』って言われてね。その時の驚きといったらないね……だって、あのタイガーマスクの代わりだぜ（笑）。こんなぺーぺーの俺が『どうすりゃいいの?』って。だから、うれしくもなんともなかったね。『大変なことになった』という気持ちだけ。

俺は猪木さんの付き人として同行してただけだから、当然、試合の準備もまったくなし。日本にいた新日本のスタッフが、俺のリングシューズをカナダまで届けてくれたからね。でも、リングシューズを届ける時間があったんだから、俺じゃなくて、日本にいるもっと上の選手を代役で呼ぶことも可能だったはず。それなのに、わざわざ日本からリングシューズを届けさせるんだから。益々、『なんで俺なの?』って、戸惑いと緊張よ」

このカルガリーの大会では、小林邦昭が現地入りしており、他にもジョージ高野がザ・コブラとして長期滞在中だった。タイガーのライバルである小林や、この3カ月後に凱旋帰国して日本デビューを果たすザ・コブラなど、タイガーマスクの代わりを務められそうな選手は、髙田の他にもいたのだ。

それでも、日本からリングシューズを届けさせてまで髙田を試合に出したのは、猪木が髙田の将来性を高く買っていたからに他ならないだろう。

「まあ、最初に指名された時には戸惑ったけど、すぐに気持ちを切り替えた。『1センチでも1ミリでも佐山さんの試合に近づけるように頑張るぞ』と、そんな気持ちでリングに上がったのを憶えている。海外でのテレビマッチという、大きなチャンスをいただいて、自分ができる最大限のことをやらなかったら、思い切りバチが当たるからね。

　でもさ、リングサイドの放送席には実況のために古舘伊知郎さんが来ていて、解説席にいた猪木さんが、俺の試合ではセコンドにもついてくれたんだよ。いつもは俺が猪木さんの後ろにいるのに、それが逆なんだから。『どうなっちゃってるの⁉』って。カルガリーの一件は忘れられない思い出だけど、佐山さんがきっかけだからね」

　このカルガリーでの試合をきっかけに、髙田は「青春のエスペランサ」と名づけられ人気が急上昇。テレビにも頻繁に登場するようになり、新たなスターとして売り出されていく。

「それまで第1試合、第2試合だったのが、カルガリー以降、目立つ場面に出るようになって、タッグマッチを中心に外国人選手との試合が増えたんだよね。ダイナマイト・キッド、デイビーボーイ・スミス、ブレット・ハートね。彼らは最高の選手だったね。とくにカナダのカルガリー勢はみんなすごかった。

　あのカルガリー以降、自分の中で意識改革が起こった。あの天才・佐山さんの代わりを務めさせてもらったんだから。これからもっと体をつくらなきゃいけないし、もっとお客さんに応援してもらえるような、期待を持ってもらえるような試合もしなければいけない。あのカルガリーの一件から若手根性が消えて、プロ意識が芽生えるきっかけになったね」

蹴りの練習を始めたのは佐山の影響

翌84年になると、髙田の新日本での存在感はますます大きくなる。4月にユニバーサルプロレスリング（第一次UWF）のオープニングシリーズに新日本からの貸し出しという形で参戦したあと、新日本のシリーズに再合流。

4・19蔵前国技館で行われた新日本正規軍vs維新軍の5vs5勝ち抜き戦で、新日本正規軍の次鋒に抜擢され、維新軍の谷津嘉章と、今も語り草となる名勝負を展開した。

そして続く「'84ＩＷＧＰ」シリーズから、髙田は巡業にサンドバッグを持ち込んで蹴りの練習に励んでいる。それは佐山の影響からだった。

「たしかに巡業にサンドバッグを持っていってたね。それで坂口（征二）さんに怒られたんだよ。『こんなもん持ってくんな。邪魔だから』って（笑）。

蹴りの練習を始めたのは、佐山さんの影響が大きかったかもしれないな。キックボクシングのような本格的な蹴りは、タイガーマスクもよく使っていたし、俺は新日本のジュニアヘビー級というカテゴリーのなかで、タイガーマスクのような華麗なローリングソバットや蹴りからのコンビネーションを自分のものにしたいという気持ちが、強烈にあったと思う。じゃなかったら、怒られながら、日本中をサンドバッグなんて持って歩かないよ。

巡業中、各地の会場で試合前、体育館の二階席の手すりからサンドバッグをぶら下げてね。お客さんが入場するまで、バンバンと蹴りの練習をやってたのを憶えているよ」

この時点では、あくまで〝タイガーマスクに近づくため〟の蹴りの練習だったが、シリーズ終了後、高田はレスラー人生最大の転機を迎える。

〝ポスト・タイガーマスク〟としての次代のスターの座を捨て、藤原喜明とともにUWFへの移籍を決意するのだ。

その時の思いを高田はこう語っている。

「本来なら、行かないよ、行くわけないよね。自分がこの世界に入ったのは猪木さんがいたからであり、その猪木さんがまだ小僧だった自分に期待をかけてくれている。しかも、7月には目標でもあったダイナマイト・キッドとの（WWFジュニアヘビー級）タイトルマッチも決まっていて、俺自身、この試合へのモチベーションは高くて、なにがなんでもやりたい試合だった。

そんな状況下でも俺はデビュー以来、プロレスラーとしての葛藤を抱えていた。その葛藤を凌駕する誇りのようなものを植えつけてくれたのは、紛れもなくユニバーサルに行った先輩たちだった。その人たちがいなくなったら、俺は明日から、誰と練習をすればいいいんだと。視野が狭くて単純な発想だけど、そう考えたら、もうついていくしか選択肢がなかったね」

84年6月27日、高田は東京・ホテルグランドパレスで藤原とともにUWF入団を発表。翌28日には同じホテルグランドパレスでザ・タイガーこと佐山聡が、新日本退団以来約1年ぶりに復帰し、UWFに参戦することが発表された。

新メンバー加入で生まれ変わったUWFは、7月23日と24日、後楽園ホールで「UWF

無限大記念日」と題した興行を開催。初日のメインイベントは、ザ・タイガー＆高田伸彦vs藤原喜明＆前田日明のタッグマッチ。のちのプロレス、格闘技界に大きな影響を与える4人が、ここで揃ったのだ。

目指している場所が違ったUWFでの佐山

佐山と髙田、藤原の加入後、UWFの試合スタイルは従来のプロレスから大きく変わっていった。

場外乱闘、反則攻撃、さらにロープワークも排除した、キックとサブミッション（関節技）を中心とした試合。つまり、のちに〝UWFスタイル〟と呼ばれる格闘技路線にシフトしたのだ。

「格闘技路線に行くっていうのは、佐山さん一人の考えというより、上の選手たちを含めたユニバーサルの幹部連中が示した方向性だったと思う。ただ、当初は従来のプロレスをやることに何の疑いも持っていなかった先輩たちもいたからね。ラッシャー木村さん、剛竜馬さん、マッハ隼人さん、グラン浜田さんもいたでしょ。だから、そこまで徹底されていたものじゃなかった。

その後、木村さんたちが抜けてからは一気に格闘技スタイルに変わったのかな」

佐山が主導した格闘技スタイルの新しいプロレスは、後楽園ホールを中心に〝UWF信者〟と呼ばれる熱狂的なファンを生んだ。しかし、テレビ放送を持たないUWFは、地方

85年7月21日、第一次UWFでの
佐山vs高田戦（後楽園ホール）

での観客動員に苦戦。会社の業績は、日に日に悪化していった。

そんななか、UWF2年目の85年6月、佐山はさらに格闘技化を進める新ルールを発表する。

グラウンド状態の打撃や、頭突き、パンチ、ヒジ打ちを禁止。キックもシューティングレガース着用時のみ認められるとされた。これは、のちの新生UWFやU系団体でも採用されるルールの雛形となるものだが、この時点では選手たちの反発を呼んだ。

新ルールでは、藤原の見せ場である一本足頭突きも、レガースを着用していない木戸修の〝キド蹴り〟も禁止。プロレスでは当たり前のストンピングもなくなった。

また興行形態もシリーズの巡業スタイルを廃止し、3週間5試合に限定。これも、のちの新生UWFの月1回興行の元になったが、プロレス興行の常識からは外れていたため、今度は営業社員たちの反発を呼んだ。

この新ルール発表あたりから、佐山とUWFの社員を含めた他のメンバーとの関係がギクシャクしたものとなっていく。

「団体内がギクシャクし始めた本当の原因はよくわからない。もしかしたら、佐山さん一人が団体のイニシアチブを握りすぎたのかもしれないね。よかれと思って新しいアイデアを固めていたんだろうけど、他のみんなにとって、それは必ずしも望んでいるものではなかった。あれだけ個性が強い人ばかりだったから、考えが割れるのも当たり前だし、それを調整するようなまとめ役もいなかったしね。

木戸修さんなんかは、『なんで俺がこんなことするの?』っていう雰囲気をビンビンに出していたから(笑)。自分のプロレスがしっかり確立されているベテラン選手がそういう反応になるのは、ある意味で当然だし、仕方がないことだと思う。あの頃は、みんなで考えてというよりも、佐山さんが考えてきたものをやるという感じだったからさ。控室の空気も、みんな顔で笑って腹で探りあっている、妙な距離感だったのを憶えているよ」

佐山はのちに「UWFを徐々に格闘技化していって、最終的にはシューティングのようなリアルファイトの総合格闘技に変えていくつもりだった」という考えを語っているが、当時、その考えは他の選手にはまったく伝えられていなかった。

「佐山さんの中には理想があったんだろうけど、ちょっと飛ばしすぎたのかもしれないね。あの頃の我々は、極端に言うと半年先、1年先のことなんて考えてなかったからね。今月、どうやってメシを食うかしか考えられなかった。まずそれが基本中の基本。試合スタイルうんぬん以前に、ちゃんと家賃を払って、メシを食って、生活しなきゃいけないっていうね。プロレスが仕事だし、組まれた興行に行くのも仕事だし、その仕事をやってちゃんとサラリーがもらえると。すべてはそれができたうえでの話なんだけど、あの頃のユニバーサルは、早い段階で経営的に立ち行かなくなっていた」

「強くなるための練習をおろそかにするなよ」

第一次UWFは、85年9月11日の後楽園ホール大会を最後に活動を休止。佐山はUWF

を去った。その後、現在に至るまで、髙田と佐山はほとんど顔を合わせていないという。

「ユニバーサルが解散してから佐山さんと会ったのは、かなり前に共通の恩師の葬儀で顔を合わせたくらいじゃないかな。去年（２０２０年）の大晦日《おおみそか》、ＲＩＺＩＮの会場に来ていたみたいだけど、その時も会ってない。

今となっては、タイガーマスクとしての鮮烈なデビュー戦と、その場にいるすべての人を魅了する数々のスーパーファイトは永遠です。あれから40年くらい経った今、自分の中の佐山さんというのは、あの手の届かないスーパーヒーローのままなんだよね」

髙田と佐山の関係は、タイガーマスクのデビューから第一次ＵＷＦ解散までのわずか4年ほどで、接点は少ない。それでも髙田は、若手時代に佐山からかけられた〝ひと言〟をいまだに憶えている。

「佐山さんがタイガーマスクとして新日本に上がっている頃、俺は毎日、試合前の先輩とのスパーリングでボロボロにされてね。自分が出場する第1試合の前にエネルギーを使い果たしちゃってさ。リングシューズを履くのもつらかった。来る日も来る日も、スパーリングでヘロヘロに疲れ切った状態で試合の準備を整えてリングに向かう。それを繰り返していたの。

本人は憶えてないだろうけどさ、ある日、佐山さんがボソッと『お前が今やってるスパーリングは、試合より大事なんだよ。絶対に続けろよ』って。その時は真意がわからず『なんで？』ってスーっと消えたのよ。しばらく経ってからだね、理解できたのは。それはもちろん試合を軽視するということではなく、日々の苦しいスパーリングこそが己のべースを作り上げるということだと、俺は捉えたんだよ。

佐山さんと言葉を交わした回数なんて、少ないはずなんだけど、そのひと言は俺の記憶に残っている。山本小鉄さんに繰り返し言われた『プロレスラーは絶対になめられちゃいけないんだ』という言葉ともリンクするし、自分が目指すプロレスラー像をつくるうえで、重要なヒントを与えくれた。

プロレスラーなら見ている人を楽しませろ、と。ただ、いざとなったら強いんだ、と。それがヒクソン（・グレイシー）戦で見せられたらよかったんだけどさ（笑）。

佐山さんのひと言が、俺のプロレスラーとしての軸足を決める一つのきっかけになっていると思っているし、貴重な金言でもある。それも含めて、俺に少なくない影響を与えてくれた人だと思いますよ」

85年9月11日の後楽園ホール大会が、
佐山にとって最後の第一次UWFの試
合となった（vs藤原戦）

U.W.F.
U.W.F.

俺と佐山の試合が沸いたのは本物の〝美しいアート〟だったから

証言

藤原喜明

取材・文●堀江ガンツ

PROFILE

藤原喜明

ふじわら・よしあき●1949年、岩手県生まれ。72年に新日本プロレスに入門。新人時代からカール・ゴッチに師事し、のちに“関節技の鬼”と呼ばれる。84年に“テロリスト”としてブレイク。同年7月からは第一次UWFに移籍し、スーパー・タイガー、前田日明、高田伸彦（当時）らと、UWFスタイルのプロレスをつくりあげる。その後、新生UWFを経て、91年には藤原組を設立。2007年に胃がんの手術をするも無事生還し、今も現役で活躍中。

のちの初代タイガーマスク、佐山聡が最初にプロレスの〝洗礼〟を受けた相手は藤原喜明だった。

佐山はプロレスラーになるために地元山口県の高校を1年で中退し上京。身長は入門基準の180センチ以上に達してなかったが、新日本プロレスの営業本部長だった新間寿に何度も手紙を書き、後楽園ホールで入門テストを受けられることになった。

運動能力の高い佐山は、ヒンズースクワット500回、ブリッジ3分をクリア。最後は若手レスラーとリング上でスパーリングをすることになった。その相手をしたのが、デビュー3年目の藤原喜明だった。

「佐山がテストを受けに来た時のことは憶えてるよ。後楽園ホールで山本小鉄さんに『おい！　あれ、ちょっと面倒みてやれ』みたいなことを言われてね。『面倒みてやれ』っていうことは、『こいつは体が小さいから、やめさせろ』ってことだな、と。俺はそう理解したんだよ」

当時は日本のプロレス界に、ジュニアヘビー級というカテゴリーが事実上存在していない時代。プロレスラーは大きくてなんぼであり、佐山のような身長170センチそこその志望者は、基準以上の運動能力があったとしても、しごきやスパーリングなどで、自らプロレスを諦めるよう仕向けるのが常だったのだ。

「だからスパーリングでは、ぐっちゃぐちゃにしたよ。でも、けっこう歯応えはあったよ。『おお、やるじゃねえか』と思ったりもしたからな。アマレスの山口県大会でチャンピオンだったんだろ。だから自信もあったんだろうけど、最初にああやってぐちゃぐちゃにやられたほうがいいんだよね。プロレスをなめずに、入ってからも一生懸命やるようになるからな」

結局、この時は即入門とはならなかったが、「体重を増やしてからまた来い」と言われた佐山は、ボディビルに通い体を大きくし、約半年後、ついに入門が許可された。

「入ったはいいけど、当時の佐山は17歳だかで背は小さかったし、かわいい顔した子供みたいでね。『こんなに小さいのは、苦労するぞ』と思ったんだけど、それは取り越し苦労だったよ。まっ、あとになって気づくんだけど、あいつは天才だからね」

巡業中の〝重要な特技〟

新日本の道場は、当時から練習量と厳しさに定評があったが、佐山はしっかりと練習についてきた。それだけでなく、その類まれな運動能力はすぐに評判になった。

「巡業で地方の体育館に行った時、隣に陸上トラックみたいなのがあって佐山が走ったんだけど、これが速いんだ。もう走っているというより、跳ぶんだよ。一歩一歩が、ビュンビュンって跳んでいく感じで、あのバネはすごかったね。

あれ、陸上を専門にやったら、相当いいところまで行ったんじゃないか？　だって、体重が当時95〜96キロあって、身長だって高くないのに、ものすごく速かったから。あれで体重落とせば……まあ、饅頭《まんじゅう》とか甘いものが大好きなあいつにとったら、それがいちばん難しいんだろうけどな（笑）」

童顔で背が小さく、練習熱心で気も利く佐山は先輩たちからかわいがられたという。

「入ってしばらくしたら、まず山本小鉄さんの鞄《かばん》持ちになったんだよな。その時、あいつはヘマしたんだよ。巡業中、試合が終わって旅館に戻る時、何試合分かの興行収益ン千万円だかが入った鞄をタクシーに忘れちゃって、大慌てでな。結局、タクシーの運転手が警察に届けてくれたらしいけど、なくなってたら大事件だよ。

その後、猪木さんの鞄持ちになったんだけど、俺がコンコンと猪木さんの部屋のドアをノックして入ったらさ、猪木さんは座ってるのに、あいつはコローンと横になってるんだよ。『なんだこいつ、図太いヤツだな。チビのくせに！』と思ってな（笑）。

俺が猪木さんの鞄持ちをやってる時は直立不動だったけど、佐山はB型だからね。猪木さんも典型的なAB型だから、あんまり気にしねえんだよ。なんかほら、周りの人がみんなキリッと緊張してるから、それも疲れるんじゃないの？　一人くらい、『ねー、猪木さん！』なんて言ってさ、ゴローンと横になってると、反対になんかほっとするのかな。それが最年少で子供みたいな顔をした佐山だったよ」

若い佐山には、巡業中の〝重要な特技〟もあった。

「あの頃の巡業は5週間ぐらい続いて、休みもほとんどなかった。だから、どっかで息抜きがしたくなるんだけど、そういう時に遊びでやっていたのが、旅館の風呂ののぞきだな（笑）。今だったら問題だろうけど、昔の話だからもう時効だろう。

佐山は旅館で受付を済ませると、建物の構造を調べて、のぞきができる場所を見つけるのがうまいんだ。あいつは、普通なら登れないようなところでも登れちゃうからね。階段だって4、5段をピョーンピョーンと跳んで上がるしね。まるで猿だよな。

それで、いいのぞき場所を見つけると俺たちに報告しにくるんだけど、ある時、佐山が偶然目撃したことで起こったのが『ああ、奥さん事件』ね」

若手時代の佐山が目撃した「ああ、奥さん事件」とは何か。本題から話が逸《そ》れるが詳しく聞いてみよう。

「巡業先では、よく俺と（ドン）荒川さんと佐山の3人が一緒だったんだよ。ある時、佐山が部屋に飛んで戻ってきて『大変です、大変です！○○さんが女の人と屋上に行きました！』って言うんだよ。この話は載せてもいいけど、名前は伏せておけよ、マ○斎藤さんだからな。先輩の名前を出しちゃ悪いから、マサ○藤さんにしておけよ（笑）。

佐山は最上階にあった洗濯機で洗濯をしていたらしいんだよ。そうしたらマ○斎藤さんが、女性と一緒に普段は使わないような階段で屋上に上がって行ったのを見かけて、すぐ俺らに報告してね。それで3人ですぐに現場に駆けつけてな。

階段で屋上まで上がって、エレベーターの機械室の屋根に続く細い階段を、建物の外枠の鉄棒をつたって歩いたんだよ。落ちたら死ぬんだよ！　でも、そういう時は力が出るんだよな。練習じゃ懸垂なんてせいぜい数回しかやらないのに、腕の力だけで下から屋上に顔を出して10分くらい見てたんだよ（笑）。

そうしたらマサ○藤さんが手すりにもたれかかって、その前にしゃがみ込んだ女の人に、何かをやってもらってるんだよ。その時、マ○斎藤さんがずっと『ああ、奥さん！　ああ、奥さん！　ああ……』って言ってるのを、俺たちは笑いをこらえながらずっと見ていてね(笑)。

それで翌朝、みんなでメシを食うところに○藤さんが来たから、俺たちは知らん顔して飯を食いながら、時折なんの脈略もなく『ああ、奥さん』ってつぶやくと、○藤さんが怪訝《けげん》そうな顔をするんだよ。そうしたら、いろんなヤツが『ああ、奥さん』『ああ、奥さん』って言い出してね。それを3回くらい繰り返したら、ようやくマ○斎藤さんが『なんだ、お前ら見てたのか！』ってなったのが、『ああ、奥さん事件』(笑)。まあ、修学旅行の延長みたいなもんだよな。佐山とは、よくそういう遊びをしていたよ」

「俺たち、世界で5本の指に入るよな」

練習中、息抜きでバカもやるが、練習はとことん厳しくやる。それが昭和の新日本プロレスだ。藤原と佐山の絆も、道場での寝技のスパーリングを繰り返すことで築かれていった。

「あの頃の道場は、だいたい二つに分かれていたんだ。簡単に言えば、スパーリングをやる派とやらない派。スパーリングをやらない連中はバーベルとか上げていたけど、バーベルを何キロ上げるとか、あんまり強さには関係ないもんな。俺たちは、猪木さんの言う

『プロレスは闘いである』という教えをそのままやっていただけ。佐山もそういう考えだったしね」

新日本道場の厳しさには定評があったが、佐山はそれに飽き足らず、〝鬼の黒崎〟こと黒崎健時が創設したキックボクシングジム、目白ジムに通い出した。これは先輩たちには内緒の行動であり、目白ジムでも自分がプロレスラーであることは伏せていたが、しばらくすると、黒崎や猪木も知るところとなった。

佐山は、下っ端の自分がキックボクシングジムに出稽古に行けば、新日本道場への批判と取られると思い内緒にしていたのだが、猪木は佐山を呼び出すと、「練習熱心だ」と褒めたという。

「猪木さんは、『強くなりたい』という気持ちがあれば、なんでも認めてくれるんだよ。『プロレスは闘いである』という考えが基本だからね。逆にナマクラはあんまり好きじゃないんだ。猪木さん自身、スパーリングもやるし、練習熱心だからね」

そして藤原も、佐山がキックボクシングをやる前から、ボクシングのトレーニングを積んでいた。

「猪木さんが（モハメド・）アリとやる前、ヘビー級の日本チャンピオンが道場に来て、〝仮想アリ〟ということで、練習をやったんだよ。その時、俺も練習相手として駆り出されて、ボクシングの練習をやったら、センタースポーツの鈴木さんという人が、俺の才能を見込んで『ボクシングやらないか？』と声をかけてくれたんだ。

俺のパンチが速いってことでね。パンチのスピードっていうのは、持って生まれたものらしくて、才能がないヤツはいくら練習しても速くならないらしい。でも、俺のパンチは速いから、磨けば光るってことで、『重量級のボクサーになれ』って言うんだよ。俺もまだ若かったから、今から転向しても間に合うってことでな。でも、やらなくてよかったよ。重量級でボクシングなんかやってたら、今頃はパンチドランカーになってたはず。ボクシングの練習自体は好きだったから続けたけどね。

だから、佐山はキックボクシングをやってるし、俺はボクシングやってたから、よく新日本の道場で練習したあと、『ボクサーのパンチと、キックボクサーの蹴りと、アマレスのタックル、そして俺たちがやってる関節技が一緒になったら、すごい格闘技になるんだろうな』って話をしていたんだよ。総合格闘技なんて影も形もない頃、俺が27歳の頃だから、45年前の話だけどな」

当時の練習の充実ぶりを表すエピソードとして、佐山は「俺たち、世界で5本の指に入りますよね」と言っていたという。

「まあ、あんな練習をやってるのは他にいなかっただろうから、そういううぬぼれもあったかもしれない。でも、世界で5本の指に入ると言ってもな、俺の彼女なんか3本の指が入ったからな。考えようによったら、そっちのほうがすごいかもしれないぞ？　そういう話じゃないか（笑）」

１９７７年11月14日、日本武道館で梶原一騎が主催する「格闘技大戦争」が開催された。

これは日本のキックボクシングと、全米プロ空手（マーシャルアーツ）の対抗戦で、日本側は目白ジムの絶対的なエース藤原敏男を筆頭に猛者を揃えたが、重量級の選手がいなかった。そこで黒崎健時がアントニオ猪木に、「うちで練習している佐山くんを貸し出してほしい」と要請し、猪木もこれを了承した。

この時、プロレスのキャリア1年半、キックボクシングに関しては初心者の域を出ていなかった佐山の対戦相手は、全米プロ空手ミドル級1位のマーク・コステロ。

佐山は、目白ジムで集中特訓を積み、90キロ以上あった体重を77・5キロまで減量してこの一戦にのぞんだが、寝技が禁じられた初のキックルールに苦戦。計7度のダウンを奪われ、ＫＯこそ免れたが、2分6ラウンドを闘い判定負けとなった。

「あの試合は大したもんだよ。佐山は3カ月くらいしかキックの練習をしてないんだよ？　それが向こうのチャンピオン（クラス）相手に、殴られても殴られても立ち上がって、6ラウンドだかやり切って判定までいったわけだからな。考えようによっては、向こうが恥ずかしいよ。キックを3カ月くらいしかやってないヤツを倒せなかったんだから。

でも、わかってないヤツがいるんだよな。俺はあの時、2階席にいたんだよ。そしたらお客の一人がな、『だらしねーぞ、コラッ！』とか、『なにやってんだ、このヤロー！』とか、野次を飛ばしてたんだよ。それを聞いて俺はムカーッと来てな。『お前なんか、3秒で殺されるぞ！　やるかコラ！』とか言ってやったよ。まあ、あの試合については、わかるヤツにはわかる、わからないヤツにはわからないんだろうな」

試合後、佐山が「勝てなくてすみませんでした」と頭を下げると、猪木は「よく頑張った」とねぎらいの言葉をかけたという。黒崎健時、山本小鉄も教え子の健闘を称《たた》えたが、先輩レスラーのひとりに「だらしないな」と言われ、「それが悔しかった」と、佐山は今でも語る。

「レスラーでもわからないヤツがいるんだよ。それを言ったのは、あの〝大きい人〟だろ？　あえて名前は出さないけど、○○○○○だろ。やらないヤツはそうなっちゃうんだよ。でも、佐山はチャンピオン相手に、3カ月必死に練習して最後まで闘い抜いたんだから、あれは勲章だよ」

ゴッチが見せた「よしよし」みたいな顔

マーク・コステロ戦の半年後、佐山は社命によりメキシコ武者修行に出発。藤原とのスパーリングの日々もここでいったん終わりを迎えるが、2人はその1年10カ月後、フロリダで再会することとなる。

「俺が30歳の時、猪木さんから『お前はよく頑張ってるから、褒美をやろう。何が欲しい？』って言われたんだよ。それで俺は『ゴッチさんのところに修行に行かせてください』とお願いしたんだ。そうしたら猪木さんが、その願いを叶《かな》えてくれて、俺はフロリダのゴッチさんのところへ行ったんだよ。そして、向こうに行って2カ月くらいしたら、佐山が来たんだ。あいつがメキシコで10キロぐらい痩せて、心配したゴッチさんが呼び寄せたんだよ。

そこから佐山は俺が住んでたアパートに転がり込んできたんだけど、あいつ飯がつくれなかったからね。いつも『藤原さん！　今日は藤原さんが焼いたステーキが食いたいなあ。藤原さんは料理がうまいからなー』とか『藤原さんがつくるカレーは最高においしいですよね』なんておだててくるから、俺も調子に乗ってつくってやってたんだよ。だからあいつ、あっという間に体重が元に戻ったよ（笑）」

メキシコで苦労した佐山にとったら、フロリダは天国だっただろう。そして藤原にとっても佐山が来たことは好都合だった。それまではゴッチから一方的に教わるだけだったが、佐山が来てからは対人練習で教わった技を実際に試すことができるようになったからだ。

「佐山が来てからは、教わるだけの練習からスパーリングもできるようになったんだよ。ただ、あいつが来たばかりの時、ゴッチさんが見てるから気合いが入りすぎて、スパーリング中、俺が足首を摑《つか》まえてガッと極めたら『バキーッ！』って音がしたんだよな。そしたらゴッチさんが、『おーい、やめやめ！　終わり終わり！　お前らピットブル（死ぬまで闘う攻撃性を持つとされる犬種）みたいなヤツらだな！』って言って、それからスパーリングはやらせてもらえなくなった。でも、技の掛け方、逃げ方を、2人で何度も反復練習できたから、上達のスピードは上がったよ」

藤原と佐山は、ゴッチのもとで練習に明け暮れ、それは休日にも及んだ。

「俺たちが、あんまり練習ばかりしてるもんだから、土曜日の練習が終わったあと、ゴッチさんに『お前ら、日曜日は絶対に練習するなよ。ゆっくり休めよ！』って言われたんだよ。でも、アパートに戻ったあと、『あの技はこうやるんだっけか？』『いや、こうだろう』なんて、絨毯《じゅうたん》の上で教わった寝技の反復練習をしたんだ。そうするとヒジとかヒザを擦り剝《む》くんだよな。

それで月曜日にまたゴッチさんのところに行ったら、『昨日はゆっくり休んだんだろうな？』って言われて、『はい』と答えたんだけど、ヒジとヒザを擦り剝いているのに気づかれてね。でも、ゴッチさんは何も言わずにニヤッと笑って、『こいつら休めと言ったのに、また練習やりやがったか』みたいな感じで、『よしよし』みたいな顔をしてたよ。楽しかったな、あの頃は」

若き日の新日本道場と、カール・ゴッチのもとでの藤原と佐山の練習。これがのちのUWFへとつながるのだ。

忙しすぎて試合前のスパーもなし

フロリダでの半年間のゴッチ教室を終えたあと、藤原は新日本道場に戻り、若手だった前田日明らを相手に、ゴッチから学んだ関節技の技術にさらに磨きをかけた。一方、佐山はフロリダから一度メキシコに戻り数試合こなしたのち、イギリスに転戦。現地でサミー・リーのリングネームで大人気となる。

そんな両者が次に顔を合わせたのは、81年4月23日の蔵前国技館。初代タイガーマスクのデビュー戦の時だった。

「蔵前の廊下を歩いていたら、後ろから俺のケツをポンポンと叩くヤツがいたんで、ふっと振り向いたらさ、変な覆面を被った佐山なんだよ。『何やってんだ、お前?』って言ったら、口に指を当てて『シー!』なんて言ってな。佐山がタイガーマスクになるなんて、俺らも知らされてなかったから、佐山が帰国してたことさえ知らなかったよ」

藤原は、タイガーマスクのデビュー戦となるダイナマイト・キッドとの一戦を、蔵前の通路奥から見たという。

「あいつがみすぼらしいマントと、サイズの合ってないマスクで入場した時、客席から笑いと冷やかしの声が起きたんだよ。『あんなことやらされて、かわいそうにな。これじゃ道化じゃねえか』と思ったんだけど、ダイナマイト・キッドとの試合はすごかったわ。

俺もキッドと2、3回やったことあるんだけど、圧力がすごかった。パンチとか肘打ちなんかとか、バチバチきたもんね。キッドは佐山にも同じ様にガンガンいって、あいつもいろんな技で返していったから、あれだけいい試合になったんだよ。結果的にデビュー戦としては最高のカードだったよな。

タイガーマスクの試合に関しては、最初は『飛んだり跳ねたりしてばかり』なんて言うヤツもいたけど、佐山の場合、基礎がしっかりしているからいいんだよ。それが今の時代ね、基礎もやってないのにね、表面ばっかり真似《まね》するからおかしくなるんで。タイガーマスクは、しっかりした基礎があったうえで、派手な技を使っていたから、あれだけの人気になったんだと思うよ」

キッドとのデビュー戦後、人気が急上昇したタイガーマスクは、イギリス、メキシコで数戦したのち、日本に定着。新日本のシリーズにもフル参戦するようになったが、かつてのように巡業中、一緒にバカをやったり、道場でスパーリングを繰り返すような関係には戻らなかった。

「タイガーマスクの人気が出すぎて、佐山だけは別行動だったもんな。取材だ、サイン会だなんだで、会場入りも遅れ気味だったしな。一回、千葉で新日本のイベントがあった時、あいつが寝坊して、家から千葉までタクシーで来たんだよ。相当タクシー代はかかったはずだけど、佐山だけは忙しすぎて、そんな生活だった。

巡業中の練習時間だってなかなか取れなかったんだよ。会場入りが遅れることが多かったし、お客の見えるところで練習していたら大騒ぎになるから、客入れしてからは裏で柔軟や縄跳びなんかするぐらいしかできない。その代わり、俺なんかはたっぷり練習時間があったからね。第1試合が始まるギリギリまでリングで若いヤツらとスパーリングができたけど、佐山は出てこれない。だから、そういう意味ではかわいそうだったね」

こうして徐々に、精神的にも物理的にも孤立していった佐山。それとは裏腹に、新日本内部は、タイガーマスク人気による空前のプロレスブームに浮き足立っていた。

「あの頃は、全国どこでもお客が入っていたから、営業の社員なんか相当懐に入れたヤツもいたんだろうな。当時はどんぶり勘定でムチャクチャだったから。一生懸命やってるレスラーにはあんまりカネは回ってこなかったけど、事務所のヤツらは金の腕輪を買ったり、やたら高いスーツで、車も高級外車に変わったりとかな。佐山はそういうヤツらにも、サイン会だ食事会だなんだで引っ張り回されてたんだよ。

そんなことが続いて、佐山はもうタイガーマスクをやってるのが嫌になったんだろうな」

佐山より美しく技を出すヤツはいない

そして新日本での末期、佐山はいつの間にか私設マネージャー的な立場になっていたショウジ・コンチャの運転する車で常に移動。周囲の声には、ほとんど耳を貸さなくなっていった。ショウジ・コンチャの印象を藤原はこう語る。

「『なんだか変なのがついてるなー』と思ってたよ。でも、あの頃の佐山にとっては〝いい人〟だったんだろう。詐欺師みたいな人間は、みんな〝いい人〟みたいな顔で近づいてくるからな。

また、佐山は人を信じてしまうところがあった。猪木さんもそういうところがあったけど、大スターには変なのが寄ってくるんだよ。なんとか利用して、カネを引っ張ってやろうみたいな連中がね。だから佐山も若くて素直だったから、それでやられたんだろう。レスラーは世間知らずだったりもするしね。俺だって、藤原組時代にやられてるからね。でも、いい勉強になったよ。いろいろだまされたりすることで、『ああ、世の中ってこういう仕組みになってるのか』って気づかされたから。佐山もそんな感じだったんじゃないかな」

そして83年8月10日、タイガーマスクこと佐山聡は、新日本とテレビ朝日に対して内容証明付きで契約解除通告書を送付。その月末、当時の山本小鉄取締役を中心とした選手やフロントが、猪木の社長退陣を求めた、いわゆる「クーデター事件」が勃発。新日本はブームから一転、大混乱に陥る。

「あの時、俺はそんなこと（クーデター騒動）があったなんて知らなかったんだ。で、大宮スケートセンターで試合があってさ、猪木さんの会場入りが遅れていたから『おかしいな？』と思ってたんだよ。それで、ずいぶん遅れて猪木さんが到着したら、すごく不機嫌な顔で俺んところに来て『お前もか！　とぼけんじゃねえこの野郎！』って、怒られてね。俺は意味がわからなかったんだけど、クーデター未遂があったことをあとで聞いて、ようやく状況を察した。

でも、俺は他のレスラーからもそんな相談はいっさい受けてねえんだ。それなのに、猪木さんには『お前もか！』って疑われるし、仲間だと思ってたヤツらは一言も声をかけてくれねえし。その時、『あ、俺はこの会社に必要ない人間なんだな』って思ったんだ。だから俺は翌年、浦田（昇）社長から『あなたが必要だ』と言われたから、UWFに移籍したんだ。俺はべつに誰も裏切ってないよ」

こうして藤原は、クーデター未遂事件の翌年、84年6月27日に東京・ホテルグランドパ

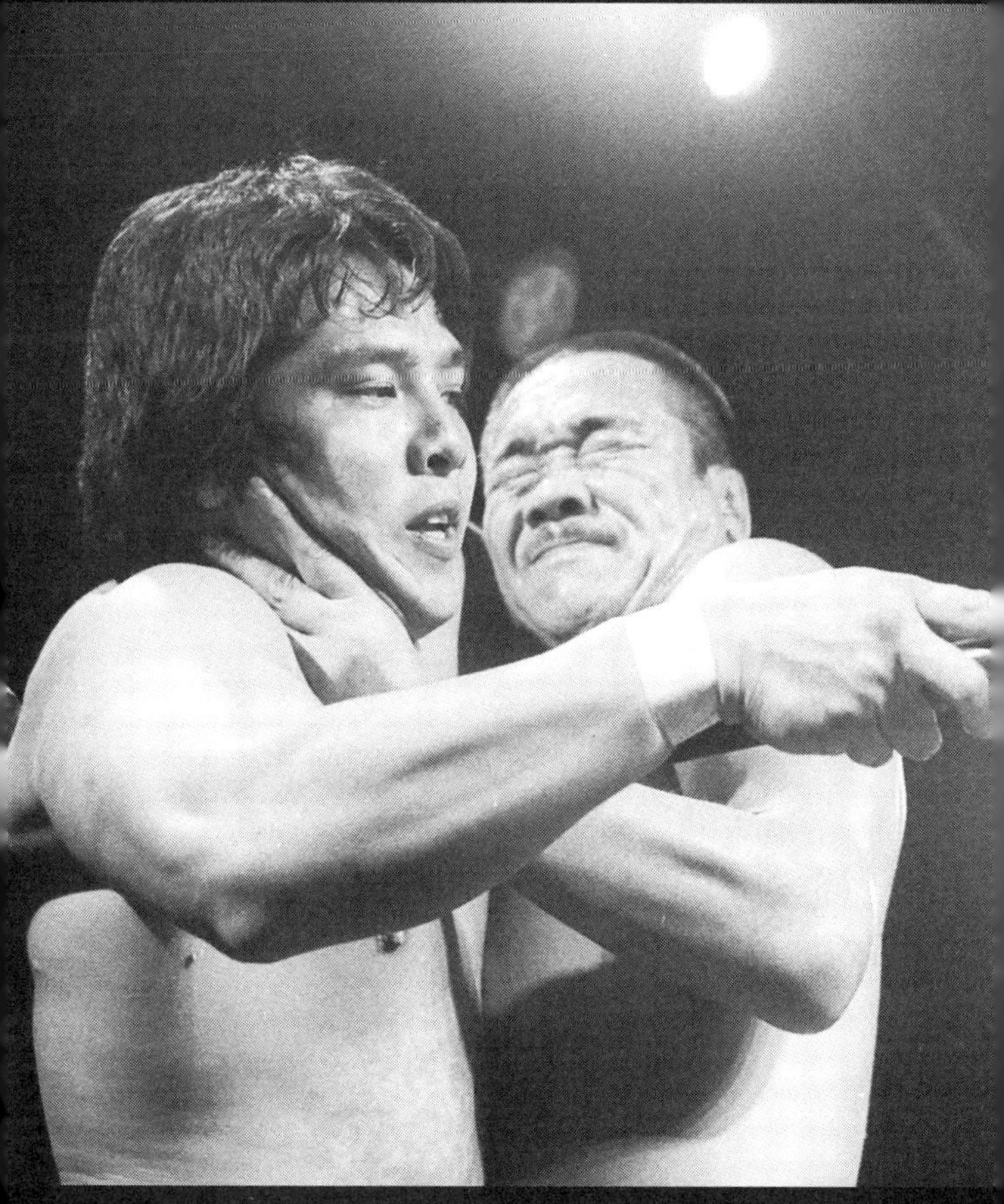

85年5月18日、第一次UWFでの佐山vs藤原戦（下関市体育館）

レスでの記者会見でUWF移籍を発表。その翌日、同じ場所でザ・タイガーと改名した佐山聡も、UWFへの参戦を表明した。

タイガーマスクの引退で別の道を歩むこととなった藤原と佐山が、ここで再び合流。前田日明、高田伸彦（当時）も含めて、新日本の道場で腕を磨いてきた仲間たちが集結し、ついに理想とするプロレスにたどり着いたかと思われたが、それも長くは続かなかった。

「UWFの話はあんまりしたくないんだよな。いろんな本を読んでみると、みんながみんな自分の都合のいいように話を変えて語っているからさ。前田なんか、しゃべるたびに違うこと言ってないか？（笑）。でも、人間の記憶なんていい加減なもんで、時間がすぎれば都合よく変わっていく。だから『実はこうだった』なんて話が、人によって全部食い違ってくるんだよ。

UWFはただでさえ、『俺こそは！』っていうヤツの集まりだったからな。分裂するのは当たり前。いつ壊れるかわからないスレスレでやっていたから面白かったし、美しかったんじゃないか。

だから最後の頃、佐山と前田がケンカみたいな試合をしたことがあったけど、自分の理想を主張し合った末に行き着いた先があれだったのなら、べつにいいんだよ。どっかのプロレス団体みたいな、自分の主張を押し殺してる団体じゃなくて、お互い妥協しなかったから、ああなったんだから。あれがUWFの一つの結論ということだ」

第一次UWFは、85年9月11日の後楽園ホール大会を最後に活動停止。翌月、佐山は正式に離脱を表明。藤原、佐山、前田の3人が揃った期間は、わずか1年2カ月ほどだった。それでもあの時代のUWFが、のちに与えた影響は大きい。

「俺はもう75歳過ぎてるのに、いまだに世界中から『セミナーに来てほしい』という連絡が来るからな。最近もベフルーシからそんなメールが来たり、ジョシュ・バーネットから『アメリカまでコーチに来てほしい』なんて連絡が来たりな。ありがたいことだよ。本物は廃れないってことだ。『関節技は地味だ』なんて言うヤツがいるけど、俺はまったくそんなふうには思わないんだ。関節技は面白いし、美しいアートだよ。UWFで、俺と佐山（スーパー・タイガー）の試合があれだけ沸いたのは、それが観客にも伝わったから。見よう見まねのニセモノじゃ、こうはならない。

これはプロレスにかぎらず、どんなスポーツでもそう。本物は美しいんだよ。柔道の一本背負いが決まったら、美しいだろ。レスリングのタックルだって美しいし、ボクシングのカウンターの一発だって美しい。剣道の一本だって、野球のホームランだってそう。本物は、素人が見たって『美しい』と感じるから、みんな魅了されるんだよ。

だから佐山のタイガーマスクがあれだけ人気が出たっていうのも、簡単に言えば、本物だったということだ。今は蹴りにしても、飛び技にしても使うヤツはいっぱいいるけど、佐山より美しく技を出すヤツはいないだろう。佐山のタイガーマスクは、本物だったからこそ美しい、美しいからあれだけみんなが魅了されたんだよ」

問題の元凶が猪木さんだとしても、猪木さんを悪者にはできない

証言

新間 寿

取材・文●ジャン斉藤

PROFILE

新間 寿 しんま・ひさし●1935年、東京都出まれ。66年、東京プロレスの立ち上げに携わり、アントニオ猪木に出会う。72年、新日本プロレス入社。専務取締役営業本部長として、猪木対アリ戦の実現や、タイガーマスクを誕生させるなど辣腕を振るい“過激な仕掛け人”と呼ばれた。83年、クーデターにより新日本を退社するも、89年にはスポーツ平和党の幹事長に就任。その後、猪木と袂を分かつも、2002年に電撃和解した。

〝過激な仕掛け人〟新間寿は怒っていた。

初代タイガーマスクの生みの親として、見ず知らずの誰かに虎の仮面をあれこれ論じられるのは許しがたいのである。新間は今から40年前、渋る佐山聡を説得し、初代タイガーマスクに変身させた。83年夏の突然の引退劇では二人に確執が生まれたが和解。現在は初代タイガーマスクが主宰する「ストロングスタイルプロレス」の会長として全面サポートしている。愛憎の果てに築かれた太い信頼。誰よりも深く長い付き合いがあると自負する新間だけに、初代タイガーマスクをやすやすと語られることに怒り心頭なのだった。

佐山の格闘技志向は、まったく知らなかった

「あのね、タイガーマスクのデビュー戦が屈辱だって書いている作家もいるんだよな。たとえばマスクやマントの具合が悪かったりとか言うけど、そんなことはともかくとしてもさ、デビュー戦（ダイナマイト・キッド戦）はすごかったでしょ。それなのにマスコミの一部がマスクが悪かった、マントが悪かった、観客の反応がなかったから屈辱がどうだこうだってね、冗談じゃないっていうの！　タイガーマスクみたいな試合をみんなは初めて見たわけだよ。だから呆気にとられていただけ。リングサイドの梶原一騎先生だってそうだったよ。驚いてたんだよ、原作者なのにね。

外国人レスラーもビックリしちゃってね。次のシリーズに出た外国人レスラーがタイガーの噂《うわさ》を聞いていて、タイガーの試合になると控室からみんな出てきて見てたんだから。

私だってテレビ録りとかは別にして、仕事をほっぽらかして会場に見に行ったくらいだからね。だから誰も経験したことがない、誰も見たことがないプロレスだから呆気《あっけ》にとられちゃったんだよ。それを屈辱とは何事かと！」

新間は初代タイガーマスクを世に送り出しただけでなく、その正体である佐山聡を新日本プロレスに入門させてもいる。1975年7月のことだった。

「彼を入門させたのは私だったわけ。1975年7月のことだった。後楽園ホールに行った時に猪木さんから呼ばれて、『新間！　お前、ちっこいのばっか入れるなよ！』って文句を言われて。『グラン浜田も星野勘太郎だって小せえじゃねえか』って思ったんだけど、社長に向かって『ふざけんじゃねーよ！』なんて言えるわけないしね」

81年、新間はイギリスに遠征中の佐山聡をあの手この手で説得し、タイガーマスクに変身させた。漫画から飛び出したタイガーマスクは現実のリングでもまたたく間にヒーローとなり喝采を浴びるが、格闘技志向が強かった佐山はアイドル性の高かったタイガーマスクとして闘うことに悩み始める。

「そこはね、まったくわからなかった。格闘技のほうに行きたいってよく猪木と話してたっていうんだけど、アントニオ猪木っていうのはどういう格闘技をやりたいのかもまったくわからなかったもんね。

大塚（直樹。元・新日本プロレス営業部長）ともよく話すんだけど、俺たちは選手を発掘したり呼んだりしてリングまで連れていくのが仕事だと。あの6メートル40センチ四方のリングでレスラーたちがどういう表現をするか。それはレスラーの仕事であってね。だから俺たちとレスラーはわかり合えないところがあるんだよね。

　レスラー同士が『今日はいい試合だったな』って言ってる時があるのよ。でも、そんな試合はこっちからすれば最悪の試合だったりするんだよ。

　ある時、鹿児島で地元出身の栗栖正伸と荒川真（ドン荒川）の二人が前座で試合をしていたらね、猪木さんが竹刀を持ってバーッとリングに上がって『こんなふざけた試合を観せやがってバカヤロー！　俺が見てるからもう一度やり直せ！　イス持ってこい！』ってマイクで怒鳴って、猪木さんは竹刀を持ったままそのイスに座ってね。2人はガクガクしながら緊張感のある試合をやった。それが本当に面白いプロレスなんですよ」

　佐山が格闘技を強く志したのは、全米プロ空手ミドル級1位のマーク・コステロとの異種格闘技戦だったとされる。77年11月14日、梶原一騎主催「格闘技大戦争」で、当時19歳だった佐山は、2分6ラウンドのキックルールでコステロと対戦。判定負けの完敗を喫した。

「佐山がマーク・コステロとやって、あれは6回か7回くらいダウンを取られたけど最後まで闘ったのよ。その時、新日本の誰かに『情けねえ。だらしねえ』って言われたらしいね。それが佐山の心の中に残ってるみたいでね。いまだに『誰に言われたんだ？　俺も頭にきてるから教えろ』って聞くんだけど、佐山は誰のことか絶対に言わないもんね。佐山っていう男はそういうところが頑固なんだよ。

あのコステロ戦も『誰かやらないか？』って聞いたら、『じゃあ』って佐山が名乗り挙げたんですよ。そこはプロレスラーとしてのプライドだよ。

格闘の話といえば、私が知らないところで新日本には道場破りがよく来てて、それで佐山や藤原（喜明）とかに相手をさせてたらしいね。ウチの実家は名古屋で、私のいとこ（新間正次）は名古屋で、学歴詐称でクビになるまで参議院議員をやってて、名古屋で新日本の興行がある時は、このいとこを中心にキップをけっこう買ってくれたりなんかしてね。そういった縁でキップを買ってくれた私の父の兄が控室に来て、いろいろと話をして知ったことがあったのよ。父の兄の話では、新日本のファンだった人がキックボクシングをやってた人間を連れて新日本に道場破りに行ったんだって。その時に山本小鉄が『じゃあ、覚書を書こう』と。お互いに了解して正々堂々と闘うことだし、ケガをさせられても訴えない。『これは紳士協定だよ。わかってるな』と。

実際にこの道場破りと藤原が闘ったら、すぐに相手をパッと捕まえて、クルクルっと腕を極めちゃったって。そこで藤原の勝ちだからやめればよかったのに、山本小鉄が相手に対して、『あんたらは1回だけで簡単に負けちゃったら納得しないだろ。もう1回やったらどうだ？』と。向こうは『やらせてください！』ってなった。それで、今度は向こうが藤原の闘い方がわかったもんだから、藤原がボコボコにやられたっていう。これがホントかどうかもわからないけど、極め技や固め技が強い人間に捕まったらダメ、慣れれば離れ技でやってる人間は勝つ。でも、格闘技が強いか弱いかっていうのは、結局その人の実力

『タイガーマスク』の原作者、梶原一騎と

よ。プロレスが強いとか相撲が強いとか、ボクシングが強いとか、冗談じゃないっていうの！　その人間が強いか弱いかなの。極端なことをいえば、猪木さんがボクシングやレスリングのルールでトップ選手と闘ったら、手も足も出ないですよ。コステロ戦の佐山だってそうですよ。そこを認めてあげないと」

ショウジ・コンチャは有名な悪

日本中にブームを巻き起こしたタイガーマスクは人気絶頂時に電撃引退。その活動期間は2年4カ月で幕を閉じる。佐山が覆面を脱ぎ捨てた理由の一つには、自分の結婚を新聞から反対されたことがあった。新聞当人は結婚騒動をこう述懐する。

「反対なんてとんでもない。結婚はいいのよ。むしろ賛成したんだよ。ただ、ショウジ・コンチャが結婚式に出るっていう話になったから俺がダメだって言ったのよ。冗談じゃないと！」

ショウジ・コンチャ——本名・曽川庄司。暴力団とも繋《つな》がっているとされていた素性不明の人物は、大塚直樹の紹介からタイガーマスクと接点を持ち始め、いつのまにか佐山の個人マネージャーとなっていた。

「ショウジ・コンチャは、いま生きているのかどうか。ビンボー・ダナオっていうフィリピンの歌手を知ってる？　淡路恵子と結婚した。『ビンボーだね』っていう意味でうまい具合に名前をつけたっていうんだけど、ショウジ・コンチャはそれの息子だっていうんだよ。

佐山についたショウジ・コンチャは有名な悪なんですよ。彼がいつのまにか佐山にぴったりついてて、新日本にタイガーマスクのマネージャーをやりたいと言ってきた。それでベンツをよこせだの、タイガーのギャラを猪木、坂口の次のランクにしてくれ、さらに自分の給料も出せと。そういう傲慢な要求を繰り返してきたわけ。結婚式もショウジ・コンチャが『お前、このままじゃ大変なことになるぞ。俺が全部やってやるから。俺も連れていけ』って言い出してね。

佐山の結婚式自体は、こちらで動いてたんですよ。福岡の大濠《おおほり》ウェディングホールの社長に仲人をやってもらおうと。その人は石原プロモーションとすごく仲が良くて、テレビ朝日でやっていたドラマ『西部警察』のスポンサーもやっていたりね。佐山に『父親と挨拶に行ったらどうだ』って勧めたら、『ショウジ・コンチャも連れていけませんか？』と。『あれはやめたほうがいい。絶対にお前のプラスになる人間じゃないからダメだ』と止めたんだ。

で、ある日、俺が大濠ウェディングホールの社長と会ってる時に、佐山のお父さんが挨拶に来たのよ。社長が上着を着て対応しようとしたから、私が『お父さん、あまり硬くならないで話をしましょうよ』って言った。その場は何もなかったんだけど、あとからお父さんが佐山に『新間っていうのはとんでもない男だ。俺が社長に挨拶をするということで、きちんと背広を着てネクタイを締めて行ったのに、向こうの社長が上着を着ようとしたら、

84年6月28日、佐山の第一次UWF参戦表明の会見に出席したショウジ・コンチャ（ホテルグランドパレス）

アイツは止めたんだ』って。これだけじゃないのよ。結婚式には反対してないんだけど、知らない間に、いろいろなことで俺が悪者になってることが多くなった」

82年12月15日、佐山は京王プラザホテルで婚約式を行う。新郎新婦の親戚、仲人以外では新日本から坂口征二、そして新間も出席している。

「集合写真を撮ったことは憶えてるけど、それ以外は……。結婚式もロサンゼルスでやろうとしてたんだよ。ジャイアント馬場さんがちょうどハワイにいるから、馬場夫妻にもロスまで来てもらおうっていう話があったんだよ。ロスには結婚式を挙げる教会もある。猪木さんと倍賞美津子（当時・猪木夫人）さん、馬場さんと元子さん、タイガーと奥さんと仲人夫妻、俺、このメンバーでいいじゃないかと。そういう話までしたんだよ。『いいですね』って当人の佐山は喜んでたんだけど、ショウジ・コンチャがなんとしてでも自分が出席したいっていうことで、結婚式の立会人として自分を入れろって言うんだよ。だから俺は絶対にダメだって言ったんだよ！」

当時の新間はタイガーマスクからショウジ・コンチャを遠ざけるべく「ショウジ・コンチャが出席するなら結婚式をぶち壊すぞ！」とまで発言していたという。

「俺がそう言ったかもしれないね。ショウジ・コンチャには反社会的な付き合いがあるから、あれがもし佐山の結婚式に出て記念撮影なんかをして写真に残ったらね、とんでもないことになりますよ。佐山には『そんなところに連れて行かれたら大変だよ』っていう意味の話だったわけ」

「アントニオ猪木監禁事件」の真相

ショウジ・コンチャにいいように攪乱《かくらん》された形の新日本だが、商売的にはまさに〝虎の子〟な存在だったタイガーマスクを野放しにしていたわけではない。

「新日本側でタイガーの営業を見てたのは、伊佐早（敏男）っていう男だったんだけど、これが酒飲みで招待券まで売るヤツなんだよ。それでカネをつくるわけ。そいつがタイガーの営業をやってて、俺も大塚も余計な口出しはしないで見てたんだけど、問題が多くてねえ。たとえば試合以外のサイン会とかの収入は梶原一騎事務所と半分半分だったわけ。ある時、梶原先生のほうから『新間ちゃん、ちょっと会いたい』って連絡があったら、タイガーマスクが出演したコマーシャルの件だった。『新間ちゃん、おかしいぞ。あのコマーシャルのタイガーマスクのギャラは1000万円だから500万円ずつ分けるという話なんだけど、ウチで調べたらギャラは2500万円だったぞ。あれは誰がやってるんだ？』って怒っちゃってね。タイガーがサイン会をやっても梶原先生のところにまったくカネが入ってこないから、おかしいと思ってたって」

のちに勃発する梶原一騎による「アントニオ猪木監禁事件」も新日本と梶原一騎の金銭トラブルが一因とされている。83年2月、大阪府立体育会館の興行を終えた新間は、偶然にも同じ宿泊先だった梶原一騎からホテルの部屋に呼び出された。梶原は別件で大阪を来訪しており、部屋には士道館館長・添野義二《そえのよしじ》ほか、暴力団員らの姿もあった。新間を通じて猪木も呼び出されたが、ただならぬ部屋の様子を察した猪木は「新間に任せてある」と言い残して早々に立ち去った。しかし、別の証言では猪木は梶原たちから正座を強いられ、強い尋問や叱責を受けたという。この監禁事件はタイガーマスクの版権料が滞っていたことがきっかけとされるが、新間は否定する。

「ロイヤリティとかなんとかっていうのはないよ。たとえば電通や博報堂とかそういうところを通して来たコマーシャルについては梶原事務所に半分、新日本に半分、そういう形でいいじゃないかと。それも書類もなにも書きやしない。口約束だもん。梶原先生は『新間ちゃんに任せるから』って。タイガーマスクの使用料をよこせなんて、そんなことを先生が言うわけがない。タイガーが活躍すればテレビ朝日で放送していた『タイガーマスク二世』の視聴率も上がるだろうし、コミックも売れるし。あと俺たちが知らないところで梶原先生が『佐山、頼むよ』ってタイガーマスクのサイン会をやったら、それは梶原先生のほうの利益になるよ」

梶原一騎による「アントニオ猪木監禁事件」については、2021年3月に『週刊新潮』が当時の関係者の証言を元に記事化したが、内容が事実ではないとして猪木サイドが新潮社に抗議。以下はアントニオ猪木のマネジメント会社「コーラルゼット」によるリリース文である。

〈本日、週刊新潮3月11日号（令和3年3月4日発売）の「梶原一騎最大の闇『アントニオ猪木監禁事件』40年後4人の証言」の記事に関しまして、真実とはあまりにもかけ離れた虚偽の事実を掲載していることに対しまして、株式会社新潮社に内容証明を発送致しまし

た。〉

後日、『週刊新潮』は猪木サイドに確認取材はなかったとして謝罪。問題の記事には新間のコメントが引用されており、猪木も反社会勢力に監禁され、何もできず青ざめていた、などと辛らつな言葉をぶつけているが、新間によればこれは事実ではないという。

「あんなデタラメな記事、向こうも謝りに来て謝罪文を出したよ。あそこに出席したことだけは間違いないの。俺が一人で行ったんだから。猪木さんは部屋に来たけど、3秒くらいで帰ったよ。『新間がやったことだから新間に聞いてください』って。ああいうことになったのはタイガーのことじゃない。『寛水流空手をつくったことはおかしいんじゃないか？』と。それが原因」

「寛水流空手」とは79年に猪木と東海地方の空手家・水谷征夫が手を結び、創設された空手団体だ。その名称は猪木の本名・猪木寛至の「寛」と、水谷の「水」からつけられた。

「寛水流はなぜつくられたかといえば、水谷先生が『猪木と試合をさせろ』と挑戦状を叩きつけてきてね。それも『俺は鎖鎌を使って闘うから』って。俺は『先生、そういう試合だったらウチは受けられない』って言ったのよ。でも、『誰の挑戦でも受けるって言ってるじゃねえか！　やれよ！』って。そんな時に、『じゃあ、私が猪木の代わりに出て話し合いをしましょう』なんて選手は誰一人いないんだよ。俺からしたら新日本なんてのは、まったくだらしないよ。何が誰の挑戦でも受ける新日本だって。俺のほうがよっぽど挑戦を受けてるよ！　なにをとぼけたことを言ってるんだっていうの。お金の問題じゃない。

それで俺が頼み込んで、『新間、大変だな』って助けてくれたのが安藤昇先生」

安藤昇とは戦後の渋谷を中心に愚連隊を率いて活動していた伝説の不良である。安藤は文才にも恵まれ、多数の書籍を執筆。この水谷をモデルにした『東海の殺人拳』という小説も上梓《じょうし》している。

「安藤先生から電話がかかってきて『新間、お前、困ってるんだって？ 俺が話をつけてやるから、ちょっと会おうや』と。実際に会って話をしたら、目の前で水谷会長に電話を入れてくれたんだよ。『安藤だけど、お前、わかるな？ 猪木とやるんだったら正々堂々とやったらどうだ。猪木と新間はプロだぞ。カネにならないことを、なんでやらなきゃいけねえんだ』と。『鎖鎌や槍《やり》とかを使うんだったら、自分たちの空手同士でやったらどうだ。鎖鎌や槍を使うのは卑怯《ひきょう》だと思わんか！ それよりも新間に頼んで、お前のところを売り出してもらえるように頼め』と。安藤先生はすごかったよ」

伝説の不良の仲介により、猪木と水谷とは和解に至り、寛水流設立という運びとなった。

なぜ梶原一騎がこの寛水流に激怒したかといえば、空手の流派間のメンツである。梶原一騎といえば漫画原作者として極真空手に多大な影響力を持ち、極真空手創始・大山倍達とは昵懇《じっこん》の間柄であった（猪木監禁事件当時は、絶縁状態だったとされる）。猪木が他の空手家と新興流派を立ち上げることは、梶原たちからすればケンカを売られていると捉えても不思議ではない。

「梶原先生は酔っ払っちゃって自分でも何を言ってるかわからないんだよ。ポスターを丸めたやつで『コノヤロー！』って叩《たた》こうとするから、添野さんがパッと摑《つか》んで。そこに猪木さんが呼ばれて、梶原先生が『寛水流が～』って言い出したから、猪木さんは『あっ、それは新間がやったことです』ってドアを閉めて出て行っちゃったよ。だから『週刊新潮』の記事は嘘《うそ》だっていうの。あの件で梶原先生を告訴したとかなんとかって書いてあったけど、俺は監禁事件で告訴した憶えなんかないんだよ。だから新潮にも、『こんなことはまったくない！』って言ってやったよ。そうしたら『添野さんを呼んで対決しますか？』って言ったんだよな、アイツら」

新間を嵌めようとしたコンチャ

「アントニオ猪木監禁事件」は、梶原が別の暴力事件で逮捕されたことで露呈したが、別のプロレス関係者への脅迫事件も世に知られることになった。当時ベストセラーとなったアブドーラ・ザ・ブッチャー著『プロレスを10倍楽しく見る方法』のゴーストライター、ゴジン・カーンから10万円を脅し取った事件だ。この件では、元プロレスラーでレフェリーのユセフ・トルコも梶原の共犯者として逮捕されている。ブッチャーは梶原プロダクションがマネジメントしており、同事務所の役員だったユセフ・トルコとゴジン・カーンの間でトラブルがあったという。

「梶原先生とトルコさんがゴジン・カーンのせいで逮捕されたんですよ。それを聞いて俺がゴジン・カーンを呼んで、『お前、先生を逮捕させるって何をやったんだ！』って聞いたら、『いや、警察に呼ばれて聴取をされたあとにサインをしろって言われたからサインをしたら、梶原先生が逮捕されたんだ』って言うから、『バカヤロー！ お前、すぐに私は梶原先生、トルコさんに対して告訴する意志はまったくありませんっていうのを書け』って言ってね。その後も検事さんに取り合ったりしていろいろと動いたんですよ」

逮捕やスキャンダルで梶原一騎の漫画原作者としての地位は低下し、新日本はタイガーマスクの名称変更を余儀なくされる。

「このままだとタイガーマスクを使えないということになってね。名前をフライング・タイガーという名前にして、映画『第十七捕虜収容所』の主題歌を入場テーマに使おうということを考えてたわけ」

しかし、タイガーマスクの名前が消える前にタイガーマスクの存在自体がこつ然と消えることになった。83年8月10日、佐山は新日本とテレビ朝日に契約解除通告書を送付した。新聞は前日9日、群馬・草津温泉で催された新日本シリーズ終了後の慰安会に出席しており、その場には佐山とショウジ・コンチャの二人も姿を見せていたというが、タイガーマスク引退の予兆は何も感じていなかった。

「東京に帰ろうと電車に乗ろうとしたら、東京の伊佐早から電報が届いたんだよ。電文は『シモノセキキエタ』だったわけ。俺は最初意味がわからなかった。『シモノセキキエタってどういう意味だろう？』って。そのうち10分、20分くらいしたら『シモノセキ……下関出身の佐山のことかな？ 佐山が消えた？』って。その頃は携帯もないしさ、電車の中に

83年8月4日、蔵前国技館での
試合前、タイガーマスクのリン
グネーム変更などが発表された

た』って言うんだよ。それで電車から降りて会社に電話したら『佐山が辞表を出して辞めた』って言うんだよ。そんな気配はまったくなかった」

タイガーマスクの電撃引退は、佐山の格闘技志向、新日本の不透明経営、内部クーデターの余波など、ありとあらゆる理由が積み重なった末の決断だが、新間はショウジ・コンチャの存在が諸悪の根源だと喝破する。

「結局、ショウジ・コンチャが入ってきてからメチャクチャになったの。梶原先生のところに行って新日本の悪口を言ったり、伊佐早のところに来て梶原先生の悪口を言ったりでゴチャゴチャしたんだよね。だからタイガーの結婚式に梶原先生を呼ぶっていう発想自体がなかったもんね」

電撃引退表明の翌11日、新日本の会議室で行われた佐山やコンチャとの話し合いに新間も出席したが、その場の出来事は憶えてないという。

「どんな話をしたのか憶えていない。たしかに会ったかもね。佐山はもう俺と口を利かなかったの。ただ、うなずくだけだね。それ以降コンチャと会ったこともないよ。

あのあとタイガーを新日本に復帰させるために、俺は東スポの櫻井（康雄）と、ゴングの竹内（宏介）と相談したことはあるけれど、『新間さん、ショウジ・コンチャとは絶対に会わないほうがいい』って櫻井と竹内から釘を刺されたもんね。

なんで俺がショウジ・コンチャを敬遠するかといえば、今でも忘れられない、俺を嵌めようとしたことがあったんだよ。ショウジ・コンチャが『俺はね、オンナが3人いる。毎月のカネやなんかをあげてます。もし新間さんが面倒をみてる子がいたら、給料を出すから私に紹介してください。毎月お金を振り込んであげる』って。『こっちはそんなもんいないよ』って言ったの。そしたら『いやいや、新間さん、俺がここまで言ったんだからホントのことを言ってくださいよ。いいじゃないですか』って。そうやって人の弱味を摑んで何かたくらんでいたんだろうね。暴力団との付き合いもあったなんて話もあるし、そんな怪しいことを言い出すヤツだから俺はますます信用できなくなったわけ。最初からみんな信用してなかった。佐山だけよ、信用してたのは」

わかり合えない立場にいた佐山と新間

新日本サイドの強い説得にもかかわらず、佐山は翻意せず新日本を去った。新間も猪木による乱脈経営から生じたクーデターの責任を取らされる形で新日本を去った。そのクーデターは現体制（猪木、坂口征二、新間）を覆すべく起こされたが、選手、フロント、内部関係者たちの思惑が複雑に絡み合うものだった。政権転覆を推進する者、クーデター仲間さえ欺く者、体制に密告する者……佐山も当初はクーデターに関与していたが、理想とは違う形で事態が進んでいったことから、クーデター派から離脱した。

あの当時、佐山と新間は、お互いにわかり合えない立場、環境に身を置いていた。新間からすれば、佐山は自分の追放を画策した一味の一人に見えるし、佐山にとっては、新間は自分の結婚に大反対した男と見ていた。引退騒動から数カ月後、新間と佐山の二人はシヨウジ・コンチャ抜きで久しぶりに対峙《たいじ》した。

「佐山とは引退騒動の3～4カ月のちに京王プラザホテルで会いましたよ。プラザが広いスイートの部屋を用意してくれてたんで、ウチの女房と息子も一緒に泊まってね。スイートのいちばん端の部屋で佐山と話したんだよ。女房と息子は隣の部屋で聞いていた。私は『何も隠すことがないから』って言ってね。

一晩かけて佐山とはいろんなことを話しましたよ。私も知らないことがあった。佐山にも知らないことがあったね。私の話に佐山も納得してくれて、『新聞さん、自分もわからないことがありました。すみませんでした』って。佐山もコンチャが嫌になっちゃったんだろうね。なんで嫌になったのか知らないけど、コンチャが嫌になったとも言っていた。

激しく言い合ってなんてないよ。佐山が俺にそんな口を聞くわけないよね。私に対して『ふざけんな、新間！』なんて言うわけがないじゃない。私も怒ってませんよ。私が悪者にされるのは仕方がない、という言い方はおかしいんだけど、結果的に何が新日本の問題だったかというと、猪木さんのアントン・ハイセルなんだよ。そこに行き着くわけだ」

アントン・ハイセルとは、猪木が夢と情熱、そして億の金を注ぎ込んだエネルギー事業だ。この発明が軌道に乗れば、地球の食糧・エネルギー問題が解決できると疑わなかった猪木は新日本の売り上げばかりか、レスラーや関係者からも資金を募り出していた。こうして猪木がアントン・ハイセルにのめり込んだことによって、過去最高のブームが到来していたにもかかわらず、新日本の純利益が微々たるものだったことがクーデターの萌芽《ほうが》となった。

「猪木さんが元凶だったとしても、当時の猪木さんを悪者にすることはできないよ。テレビ朝日としては猪木さんが必要だしね。坂口さんの奥さんくらいだよ。『猪木さんが悪い』って会社まで来て言ってくれたのは。私を辞めさせることで事態の収集を図ったわけだけど。よく猪木さんも俺に辞めろって言えたなと思ってね。まあ、それしか手がなかったんじゃないですか（苦笑）」

新日本に戻るなら謝罪文を持ってこい

新日本から離れた新間だが、その後も新日本界隈でその後の展開を模索していた。その一つがタイガーマスクのプロレス復帰。新間は新日本とテレ朝の両方と交渉している。

「まあ、いろんな話をしてたよ。いま聞かれても、そんなこともあったなって。でも、もし佐山が新日本に戻ってくるなら、一部の幹部選手から謝罪文を持ってこいって言われたみたいですよ。山本小鉄かな？　コステロ戦の例の『だらしないな』って言ったのも俺は小鉄ちゃんじゃないかと思うんだよね。あの時、小鉄ちゃんがセコンドについてたからね。セコンドについてるなら佐山が頑張ったことはわかるだろうがっていうの。佐山はまだ19歳で相手は世界チャンピオンだよ」

タイガーマスクをWWFの所属として新日本に出して、フジテレビが中継するウルトラCプランも用意されたが、タイガーマスクとテレビ朝日の契約がまだ有効だとして頓挫。

同時期にショウジ・コンチャも佐山をアメリカで試合させるために画策していたとされるが、〝アメリカ〟をキーワードに新間とコンチャは通じていたのだろうか。

「ない、ないよ、そんな話は！　こっちはＷＷＦと話ができるけど、そんなことをコンチャができるの？って話よ。だからコンチャと会う必要なんかないじゃん」

結局、佐山は新間の手によってプロレスに戻ることはなかった。新間は新団体の構想を持っていたとされる猪木の密命を受け、ＵＷＦ設立のために動いたが、肝心の猪木は新日本に残留。団体には内紛が勃発して新間はＵＷＦからフェードアウトする。この時、佐山がそのＵＷＦで再びプロレスに戻るというすれ違いがあった。

ショウジ・コンチャはジム運営や今後の方針をめぐって佐山から見放されたとされる。佐山が新間がいなくなったＵＷＦに参戦する流れのなか、代表の浦田昇氏が暴力団幹部同席のもとショウジ・コンチャにタイガーマスクにかかわるあらゆる権利を放棄するように脅した件がのちに発覚。浦田氏は暴力団幹部とともに逮捕された。

「浦田がショウジ・コンチャを脅して逮捕されたでしょ。あれを俺がチクって浦田を逮捕させたって言うバカがいるんだよ。俺は浦田が逮捕された時に真っ先にしたことは、中曽根（康弘）事務所に電話を入れて、丸の内署の署長に会いに行ったのよ。今でも国会議員の平沢勝栄さんの特別秘書をやってる荒井昭さんって人。そうしたら刑事課長も同席のもと、『新間さんがいるならハッキリ申し上げますけど、彼は反社会的なところの人間を使ってタイガーマスクの件で脅しをかけたので恐喝でもって逮捕してるんです。当人はそんなことをした憶えがないと言うので勾留が長引いてるんです。これは反社会的絡みなので口を出さないでください』と」

新間寿とタイガーマスクの物語は、そこでいったん幕を閉じる。新間は事業に励む傍ら、その後もプロレス界に接点を持ち続けていたが、再び佐山とリングで邂逅《かいこう》するのに十数年の歳月を必要とした。佐山が2005年にリアルジャパンプロレスを設立した2年後、同団体の会長として新間が請われた時だった。

「新日本を辞めたあとにもたまに会うことがあってね。何回かゴルフに行ったことがあるね。俺がゴルフを始めたので、じゃあ行こうかっていうことで。そうしたら、佐山はまたすごい飛ばすんだよ（笑）。『新間さん、もうプロレスはやらないんですか？』なんて聞かれて。そのあと俺は猪木さんとスポーツ平和党をやったけど、スポーツ平和党にタイガーが応援に来てくれたっていう話も聞かないから。ゴルフだけの付き合いだったのかなあ。それもこれもあの晩、京王プラザで話し合って、あらためてわかり合えたからですよ。あの頃はいろいろなことがありましたけど、もうこの歳（当時85歳）になると、いいことしか憶えてないんだけどね（笑）。それでいいじゃないですか」

佐山は最初、〝島流し〟でメキシコに送られてきたという感じだった

証言 グラン浜田

取材・文●橋本宗洋

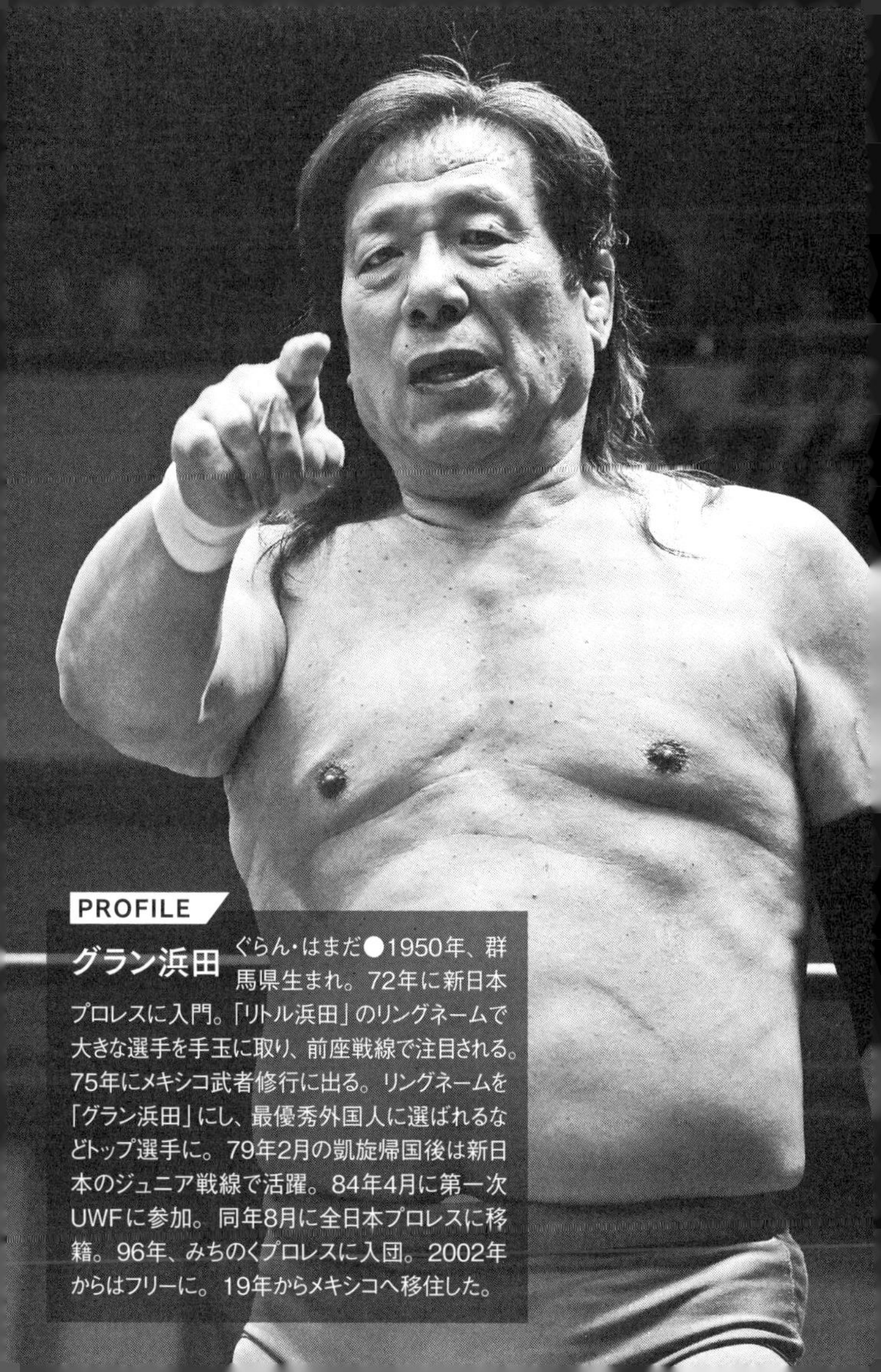

PROFILE

グラン浜田

ぐらん・はまだ●1950年、群馬県生まれ。72年に新日本プロレスに入門。「リトル浜田」のリングネームで大きな選手を手玉に取り、前座戦線で注目される。75年にメキシコ武者修行に出る。リングネームを「グラン浜田」にし、最優秀外国人に選ばれるなどトップ選手に。79年2月の凱旋帰国後は新日本のジュニア戦線で活躍。84年4月に第一次UWFに参加。同年8月に全日本プロレスに移籍。96年、みちのくプロレスに入団。2002年からはフリーに。19年からメキシコへ移住した。

佐山聡＝初代タイガーマスクの海外での活動といえばイギリスのイメージが強いが、メキシコでも大活躍しており、その存在は今もなお「伝説」として残っている。

メキシコでの佐山、タイガーの活躍について聞くなら、この人しかいないだろう。1975年に新日本プロレスからメキシコへ遠征し、現地でトップ選手となった〝小さな巨人〟グラン浜田だ。

メキシコ武者修行時代の佐山は浜田の家に住んでいた。またタイガーマスクになってからのメキシコ遠征では何度となくタッグチームを組み、日本では対戦もしている。

和製ルチャドール、その第一人者から見た佐山聡、そしてタイガーマスクの素顔とは。メキシコの浜田邸とZOOMでつなぎ、現在もメキシコを中心に女子プロレスラーを続ける娘の浜田文子《あやこ》さんと2人でインタビューに応えてくれた。

4年ほど前（2018年）に脳梗塞で倒れ、今は声が出にくい状態という浜田。それでも「昔のことのほうがよく憶えてるんです（笑）」という文子の言葉どおり、イキイキと思い出を語った。

プライベートの佐山は〝お茶目〟

浜田がデビューしたのは新日本旗揚げの72年。3月のオープニング・シリーズ、藤波辰巳（現・辰爾）とデビュー戦を行っている。

一方、佐山が新日本に入門したのは75年。前年に後楽園ホールで入門テストを受けたが、体力テストは難なくこなしたものの、スパーリングで藤原喜明に〝ぐちゃぐちゃ〟にされ、入門は叶《かな》わなかった。

その後、働きながら体を大きくしようと練習に励んでいた佐山。75年7月に入門を許されたが、その裏には浜田の存在もあった。この年の6月、藤波と木戸修が西ドイツに、そして浜田がメキシコに武者修行へ立った。若手3人が抜けた新日本の道場は、下働きを担当させるためもあって、新弟子が必要だったのである。

無事、新日本に入門した佐山は、78年6月からメキシコ修行に向かう。佐山は77年に行われた梶原一騎主催の格闘技興行「格闘技大戦争」でマーク・コステロ戦を経験し、新日本のなかで「格闘技の選手」としての道を進むつもりでおり、メキシコ遠征は不本意だったという。それが佐山のメキシコでの試合にも出ていたのかもしれない。

浜田によると、佐山の最初の印象は決してポジティブなものではなかったそうだ。

「やっぱり背が低いし、体もまだ細かったから。正直なことを言うと、その後あれだけのスターになるような可能性は感じなかったね、その頃は。何か〝島流し〟でメキシコに送られてきたという感じだね」

当時の佐山は木村健悟と共同生活を送っていた。最初の印象は芳しいものではなかったが、その後、佐山は徐々に実力を発揮していく。

日本のリング、つまり新日本の若手、前座レスラーとしての試合では使用する技も限定される。メインイベンターの試合を前に大技を連発するわけにはいかないのだ。

だがメキシコでは一人前のレスラー、持ち前の身体能力を活かした技を遠慮なく使うことができる。『真説・佐山サトル　タイガーマスクと呼ばれた男』（田崎健太／集英社インターナショナル）によると、その一つが、タイガーマスクの代名詞にもなったローリングソバットだ。サマーソルトキックもメキシコで思いついたものだという。

79年9月、佐山はリンゴ・メンドーサを破りNWA世界ミドル級王座を獲得する。80年3月にベルトを失うと、今度はアメリカ・フロリダへ向かう。〝神様〟カール・ゴッチのもとで練習するためだ。藤原の部屋でともに暮らしながら、ゴッチ式の練習で体を鍛え直し、関節技を学ぶ。メキシコで減ってしまった体重も戻ったという。

だが充実した日々もつかの間、3カ月するとゴッチからメキシコ行きを言い渡された。理由は、次の目的地への旅費を稼ぐためだったという。

「メキシコに戻ってきた頃の佐山は、印象も変わっていたよ。ゴッチさんのところで練習してきたあとは、体も大きくなっていた感じだね。それに強かった。とくに素晴らしいのはスピードだったね。この頃の佐山は、小林邦昭と一緒に俺の家の2階に住んでいた。プライベートの佐山は面白い人間ですよ。〝お茶目〟なんだ。朝早くからいきなりラッパを吹いてみんなを起こしたりしてたな（笑）。素直で優しい人間でもあった」

『真説・佐山サトル　タイガーマスクと呼ばれた男』（田崎健太／集英社インターナショナル）にも、この時期のエピソードが紹介されている。空気銃を買ってきて浜田宅の壁を穴だらけにし、サンドバッグを吊るして蹴ると壁が崩れてきたことも。ある時は家の鍵をなくし、小林ともどもドアを蹴破って部屋に入った。いかにもプロレスラーらしい、若い選手の海外武者修行らしい話だ。そんな佐山を〝お茶目〟と評する浜田の懐の大きさもかなりのものだが。

タイガーマスクになって責任感が出た

その後、佐山はメキシコからイギリスへ向かう。サミー・リーとして大活躍し、そして新日本から求められる形でタイガーマスクとなって日本に戻る。81年4月のタイガーマスクのデビュー後は、毎年、メキシコ遠征も行った。この時、浜田とは毎回のようにチームを組んでいた。

「タイガーマスクになってからの佐山から感じたのは、面白い試合をしようとか勝ちたいといった気持ちが増していたんじゃないかなと。タイガーマスクになる前は、そういう気持ちをそこまで感じることはなかった。やっぱりメキシコに行かされたのが佐山は嫌だったのかな。どこか淡白な印象でね。

タイガーマスクとしての試合も、会社に〝やらされていた〟ものではあったんだろうけど、ただそれでもタイガーマスクはプロレスファンの憧れであり、アントニオ猪木をもしのぐ勢いのスター選手。やりがいもあったはずだし、責任感も出てきたんだと思う。タイガーマスクとして必死に頑張らなければいけなかったはずだよね。

ダイナマイト・キッドもそうだし、メキシコからも実力のある選手がどんどん日本に来てタイガーマスクと対戦していた。本人からすると大変だったと思うよ。毎日のようにすごい選手と闘って、勝ってファンを沸かせるんだから。プレッシャーもかなりあったんじゃないかなぁ」

タイガーマスクを中心に活況を呈する新日本のジュニアヘビー級戦線。当時の選手たちは「みんな強かったね」と浜田は振り返る。

「小林邦昭はゆっくり、じっくりとした試合運びをするタイプ。ダイナマイト・キッドは速くてパワーもある。どっちもいい選手だったね。いや、当時タイガーと闘っていた選手はみんなすごかったよ。技術があったし、何よりも気持ちの部分が違った。

絶対に負けない、この世界で俺はのし上がっていく。当時は、そういう気持ちが強い選手が多かったね。結局プロレスではそれがいちばん大事。そういう選手と試合をして、佐山自身も感じるものがあったと思う」

メキシコでは〝強すぎ〟たし、〝速すぎ〟た

浜田は日本で、幾度もタイガーマスクと対戦している。初対決は81年11月5日の蔵前国技館。83年2月3日には、札幌中島体育センターでNWAジュニアヘビー級のタイトルをかけて対戦した。

「タイガーマスクは特別な相手だったね。コイツにだけは絶対に負けたくないという気持ちになる選手。それはそうだよね、だってあの動きだよ。あれを目の前でやられたら『負

けてたまるか』って気持ちになるよ。それでこっちも頑張るから、自然にいい試合になっていったね。こっちがそういう気持ちだったから、向こうも『負けてたまるか』ってなっていたと思う。タイガーマスクとは、みんなそういうふうに闘ってたんだと思うよ。だからこそ、負けた時の悔しさも半端じゃなかった。

やっぱり、タイガーマスクは日本での試合がいちばん輝いていたよ。メキシコでの試合もすごかったけど、100パーセントの魅力を出し切っていたとは言えないかもしれないね。というのは、タイガーマスクの動き、あのスピードについていける選手はメキシコでも数えるほどしかいなかった。ペロ・アグアヨとかベビー・フェイスとか、あのレベルじゃないといいタイガーマスクといい試合はできないんだよ。だからファイトスタイルは同じでも、日本でやるようにはメキシコではいかなかったね。タイガーマスクは強すぎたし、速すぎたんだ。ルチャのスタイルとペースが違って嚙《か》み合わないという面もあったのかな。

いずれにしても、タイガーマスクは別格だったんだよ」

日本ほどには魅力を発揮できなかったとしても、メキシコでもやはりタイガーマスクは別格だった。タイガーマスクが活躍していた時代の新日本はどの興行もフルハウス。それはメキシコでも同じだったというのだ。

それでは、現在のメキシコにおけるタイガーマスクの評価はどうなのか。文子さんが語ってくれた。

「佐山さんは今でも人気がありますよ。ルチャが好きだったらタイガーマスクの名前を知らない人はいないし、マスクやTシャツ、フィギュアを欲しがります。今もメキシコに影響を残しているのは、私の感覚だと佐山さんと、亡くなったエイジさん（江崎英治＝ハヤブサ）さんですね。今でも、佐山さんがメキシコにやって来たら大きな話題になると思いますよ」

素直で優しい純情な人間

浜田が今でも惜しむのは、スターにしか窺い知れない様々な事情があったにせよ、短期間でタイガーマスクとしての試合をやめてしまったことだという。

「本当にもったいなかった。あのまま何年も続けていたら、プロレス界の歴史も変わっていたかもしれない。タイガーマスクに憧れてプロレスラーになる人間がもっとたくさんいただろうし、タイガーマスクに勝とうとして周りの選手もどんどん強くなっていったと思うよ。それはメキシコだって同じこと。本当に惜しかった。俺がタイガーマスクだったら続けてたのにな（笑）」

だが、実は浜田も新日本の選手のなかで、タイガーマスクの候補者として名前が挙がっていたという話もある。本人はこのことを知らなかったが、あらためて「タイガーマスク＝グラン浜田」の可能性があったことについて聞いた。

「名誉なことだし、うれしい話なんだろうけど、でも、俺は断ってただろうね。タイガーマスクにはならなかったと思うよ。やっぱりグラン浜田としてメキシコでやってきたから、自分の人生はよかったんだと。

さっきは『もったいない』って言ったけど、短期間でタイガーマスクをやめた佐山にも、彼なりの決心があったんだろうね。佐山は素直で優しい人間なんだよ。純情なの。だけどあれだけのスター選手になったら、いろんな人間がいろんな話をしてくるはず。その全部に素直に耳を傾けていたら、ねぇ……。疲れてしまうだろうし、佐山には佐山にしかわからない感覚があったんだと思うよ。これは仕方ない」

浜田はインタビュー中、思うように言葉が出てこないことを申し訳なさそうにしていた。しかし、それでも伝わってきたのは、同じ時代を生き、仲間でありライバルだった佐山に抱く、熱い想いだ。

「ああいう時代はもう来ないかな。来るといいんだけどね」

メキシコマット界も、コロナ禍で厳しい状況が続いていた。最近になってようやくアレナ・メヒコでの有観客大会が再開。客席数は限定500だという。メキシコマット界の現状を文子さんが語ってくれた。

「客席数が500でも、ここからまたメキシコのプロレスが上向きになれば、と願っています。それまで、無観客のテレビマッチはあったんですけど、どうしてもやりにくいんです。何のために手を上げて（アピールして）るんだってなっちゃいますよね（笑）。アメリカならそれでもいいんですけど、やっぱりメキシコはお客さんの歓声あってのもの。

これまでも地方ではお客さんを入れた興行がちょいちょいあったみたいですね。でも

（メキシコ）シティじゃないとギャラ的にも充分じゃない。たくさんの選手が『これからルチャで生活していけるのか』という不安を抱えた状態になってしまった。本当にこれからですね」

そういうなかで、浜田には一つ目標があるという。

「日本で引退興行をやりたいと思っているので、その時は日本のプロレスファンのみなさんに久しぶりに会いたいね。佐山にも会えるといいんだけどな。佐山にはメキシコにも来てほしいよ。その時は俺の家に泊まってもらおうか（笑）」

日本か、それともメキシコか。2人の再会を楽しみに待ちたい。

81年11月5日、初の大物日本人対決となったグラン浜田戦（蔵前国技館）

タイガーマスクに〝食われてしまった〟ヘビー級転向当初の藤波

証言

藤波辰爾

取材・文●堀江ガンツ

PROFILE

藤波辰爾 ふじなみ・たつみ●1953年、大分県生まれ。71年に日本プロレスでデビュー。72年、アントニオ猪木が旗揚げした新日本プロレスに参加。日米を股にかけたジュニアヘビー級戦線でドラゴン旋風を巻き起こしたのち、長州力との名勝負数え唄で新日本黄金時代に貢献。IWGPヘビー級王座を6度獲得。99年、新日本の社長に就任。2000年に新日本を退団。現在はドラディションを主宰。息子のLEONAもプロレスラーとして活躍。

日本におけるジュニアヘビー級の先駆者と言えば、藤波辰巳（当時）をおいて他にいないだろう。

1978年1月23日、ニューヨークのマディソン・スクエア・ガーデン（以下、MSG）で組まれたWWWFジュニアヘビー級選手権で、藤波は王者カルロス・ホセ・エストラーダに世界初公開の必殺技ドラゴン・スープレックス・ホールドを決めて勝利。見事、新チャンピオンに輝いた。

この試合は、日本でも『ワールドプロレスリング』で放送されたため、反響は絶大だった。当時はオリンピック以外で日本人スポーツ選手が海外で大きな勲章を手にする機会がめったになく、野球で日本人がメジャーリーガーとして活躍することも、サッカーの日本代表がワールドカップで活躍することも夢だった時代。24歳の無名の若者が、MSGという世界の檜《ひのき》舞台でチャンピオンになる姿は、多くの人たちの感動を呼び、藤波は一夜にしてスターの仲間入りを果たしたのだ。

そして同年3月にチャンピオンとして3年間の海外修行から凱旋帰国すると、その端正なルックスと俊敏な動きで、女性や子供のファンを新たに開拓。またたく間に〝ドラゴンブーム〟を巻き起こし、ジュニアヘビー級の闘いが日本に定着するきっかけにもなった。

そんな藤波が凱旋帰国した3年後の81年4月23日、東京・蔵前国技館で初代タイガーマスクがデビュー。〝四次元殺法〟と呼ばれた、それまで誰も見たことがないような動きでファンを魅了し、藤波が開拓したジュニアヘビー級というジャンルの人気を不動のものにすると同時に、空前のプロレスブームを巻き起こした。

ともにジュニアヘビー級の礎を築き、新日本プロレス黄金期を支えた藤波とタイガーマスクだが、実は佐山聡が素顔の新人時代はほとんど接点がない。藤波は75年6月から初の海外修行で、木戸修とともに西ドイツに遠征。佐山が新日本に入門したのはその直後の75年7月であり、二人は入れ違いだったのだ。

漫画を超えていた佐山の動き

「タイガーマスクになる前の佐山って、ほとんど記憶にないんだよね。彼は俺が海外に行っている間に入門した選手。それで俺が78年の3月に帰国した時、佐山、ジョージ（高野）、平田（淳嗣）、前田（日明）といった俺の知らない選手が道場にいたんだけど、そのなかでも佐山は普通のおとなしい青年だったから、あまり印象にない。逆に印象に残っているのは、俺が凱旋《がいせん》帰国した直後に行われた新日本の花見で、酔っ払って大暴れした前田日明のほうだね（笑）。

あの時の話は前田自身もいろんなところでしゃべってるみたいだから言うけど、前田は酔っ払って包丁を持って他の選手たちを追いかけ回してたからね。結局、みんなに押さえつけられて、合宿所の部屋に縛りつけられてね。今でこそ笑い話だけど、これが現代だったらワイドショーの格好のネタになっていたよ（笑）」

藤波が凱旋帰国した3カ月後、78年5月に今度は佐山が海外武者修行に旅立っている。

ここでもほぼ入れ違いとなり、藤波が初めて佐山とちゃんと話をしたのは、メキシコで再会した時だったという。

「当時、俺はWWWFジュニアヘビー級チャンピオンで、新日本のシリーズに出るだけじゃなく、オフは海外でもタイトルマッチをやってたんだよね。それでメキシコで、レイ・メンドーサかフィッシュマンと防衛戦をやった時、先にメキシコ入りしていた佐山が俺のセコンドについてくれた。それが初対面みたいなもので、話をしたのもその時が最初だったね。

ただ、そんなに深い話をしたわけじゃないし、俺はメキシコで試合が終わったら、すぐに日本に帰らなきゃいけないようなスケジュールだったから、向こうでの彼の試合も見てないんだよね。だから彼がタイガーマスクとして日本に帰ってきて、試合を初めて見た時は本当に驚いた。佐山があんなに運動神経がいいっていうのも俺は知らなかったから、すごい衝撃を受けたよ」

藤波の凱旋帰国と、初代タイガーマスクのデビューには共通点が多い。藤波のMSGでのWWWFジュニアヘビー級タイトル挑戦は、ビンス・マクマホン・シニアと懇意にしていた新日本の〝過激な仕掛け人〟こと新間寿営業本部長（当時）が、「うちの有望な若手を、ぜひMSGでデビューさせてほしい」と申し入れたことで実現したものだ。そしてタイガーマスクのデビューも、新間と漫画『タイガーマスク』原作者の梶原一騎のラインから、テレビ朝日系アニメ『タイガーマスク二世』の放送開始に合わせて実現したもの。

また、日本では無名だった若手選手の試合が、テレビのゴールデンタイムで大々的に放送されたという点でも同じだ。その時に感じた重責を藤波はこう語る。

「新日本プロレスというのは旗揚げ以来、猪木さんの一枚看板で坂口（征二）さんが脇でサポートする形だったんだけど、あの頃は猪木さんだけじゃなく、新しいスターを必要としていたんだろうね。それで最初に白羽の矢が立ったのが俺で、次が佐山だったんだと思う。でも、海外に出る前は俺も佐山もいち若手でしかなかったわけだから、俺のWWFジュニア挑戦やタイガーマスクのデビューは、新日本にとっても、テレ朝にとっても一つの賭けだったんだろうね。

俺の場合、あれだけ御膳立てしてもらって、ニューヨークまで中継スタッフを飛ばしてもらったのに、そこでダメな試合をやったらすべて台なしになるわけだから。そのプレッシャーは大変なものがありましたよ。しかも試合前、新聞さんがすごい顔して言ってきたんだよ。『おい、日本でテレビ放送するんだから、何かインパクトある技をやれよ！』って。こっちは緊張して、それどころじゃなかったのにさ（苦笑）。

それでもMSGの時は、カール・ゴッチに習ったドラゴンスープレックスを用意していたからよかったけど、群馬県の高崎市でやった凱旋帰国第1戦（78年3月3日、vsマスクド・カナディアン）の時は困った。また試合前に新間さんが来て、『カンピオン（チャンピオン＝藤波）、みんな注目してるんだから、なんかやれよ』っていうんだよね。『なんかやれ』って言われても、他に見栄えのする新技なんてないのにさ（苦笑）。

それで仕方がないから、メキシコ修行時代に現地のレスラーが使っていた技、トペ・スイシーダを見よう見まね、一か八かでやってみた。それがドラゴン・ロケットの始まり。練習なんてしたことなかったし、メキシコで見た時は場外にマットなんかなかったから『よくこんな危険な技を使うな』と思ってたんだけど。当時の俺は体重も軽くて動きも速かったので、一直線に飛んでうまくいったんだよね。だからドラゴン・スープレックスもドラゴン・ロケットも運よく両方とも成功したからよかったけど、失敗したらその後の俺はなかったかもしれない。こっちも必死だったよね」

そんな経験をしている藤波だけに、タイガーマスクとしてデビューした時の佐山の重圧も理解できたという。

「彼の場合、タイガーマスクという漫画のキャラクターだったから、自分であって自分でない。それが彼にとってよかったのかどうかはわからないけど、リングサイドに梶原一騎さんがいて、テレビ局やいろんな人が動いたわけだから、相当なプレッシャーがあったはず。

しかも、用意されたマスクが急ごしらえで出来がよくなくてね。分厚い生地にマジックで模様を描いただけのマスクで、サイズもしっかり採寸したわけじゃないから、試合中すぐにズレてしまったらしい。だから視界はふさがれるし、呼吸だってしにくいだろうし。それだけのハンデを背負いながらよくあれだけ動いたよね。

俺もタイガーマスクのデビュー戦は蔵前国技館の通路の奥から見ていたけど、あれはすごかった。最初はファンも賛否両論というか、入場してきた時点では笑いが漏れるような感じだったのが、試合が進むにつれてどよめきが起こるようになって、最後はスタンディングオベーションみたいな感じだったからね。彼のあの動きがなかったら、『タイガーマスク』というキャラクターに負けてしまうところだけど、佐山の場合、漫画を超えていた。急ごしらえのマスクや、漫画のキャラクターへの先入観といった負の要素が、彼の動きによってすべて払拭されたね」

基本はストロングスタイル

タイガーマスクの登場は、プロレス界にとってまさに革命だった。そのスピーディーで立体的な技の数々、そして独創的な闘いは、プロレスの試合展開を大きく変えた。

現在、日本のプロレスは、ジュニアヘビー級だけでなく、ヘビー級の試合も飛び技やスピーディーな技の攻防が中心。その礎を築いたのは、間違いなくジュニアヘビー級時代の藤波と、タイガーマスクだ。しかし当の藤波は、自分やタイガーマスクが〝ジュニアの世界〟をつくったという見方を否定する。

「今、ジュニアヘビー級といえば、飛んだり跳ねたりして、技をたくさん出すイメージがあるけど、自分はそれをやろうとしたわけじゃないし、それは佐山も一緒だったと思う。基本はゴッチさん、猪木さんに教わったストロングスタイルですよ。勝負どころで、ドラゴン・ロケットとか独自の技を使っただけでね。ただ、技をワンテンポ早く仕掛けることは心がけていたので、動きの一瞬一瞬にメリハリがあったから、全体的に動きが速く見えていたんだよね。

タイガーマスクだって、そんなに飛んだり跳ねたりしていたわけじゃない。動きの緩急のつけ方が絶妙でキレもあったから、技の一つ一つがお客さんの印象に残っているだけで、空中殺法は『ここぞ』というタイミングだけで出していたはずですよ。

今のプロレスは高度な空中殺法や、複雑な技の切り返しが展開されているけど、どこかリング上の選手同士が二人で一つの動きをつくろうとしているように見えてしまうところがある。武藤（敬司）が『フィギュアスケートのペアみたいだ』と言ってたらしいけど、まさにそんな感じ。

それが悪いと言ってるわけじゃないけど、俺たちがやってたプロレスはそうじゃなかったから。ドラゴン・ロケットにしても、相手が避ける可能性が常にあったから、飛ぶ前は不安でしょうがなかった。実際、俺はチャボ・ゲレロにドラゴン・ロケットを避けられて、そのまま客席のパイプ椅子の中に突っ込んで、頭をざっくりと切っちゃったことがあるからね」

そして藤波は、今のジュニア戦士たちとタイガーマスクの動きの違いをこう語る。

「今の選手の動きの速さと、佐山の動きの速さのいちばんの違いは、佐山の場合、すべて理にかなった動きなんですよ。闘いに必要のない動きはしない。それと彼は他の格闘技の技術を採り入れたり、すごく研究熱心。マーシャルアーツやキックボクシングの技術も身につけたり、彼の動きは〝本物〟なんですよ。それでいて華麗だから、漫画のイメージを損なわず、それ以上の驚きをお客さんに提供していた。だからこそ、あれだけ多くの人から支持を集めたんだろうし、我々レスラーでも、タイガーマスクの試合を見ていると、リングの闘いに引き込まれてしまうくらいだったからね。

それこそが、猪木さんがよく言っていた『プロレスは闘いなんだ』ということ。たしかに、今のプロレスは技術が進歩しているし、技も高度になっている。でも、〝闘い〟を失ってしまったらダメ。タイガーマスクの試合がいま見ても面白いのは、空中殺法がすごいだけじゃない。しっかりとした〝闘い〟を見せていたから。そういう意味でタイガーマスクの試合は、猪木さんの試合とは少し違うけど、新日本のストロングスタイルを体現していたと思いますよ」

タイガーVSキッドの名勝負に割を食った

タイガーマスクの人気は、蔵前でのデビュー後、試合を重ねるごとに急上昇。プロレスの枠を超えた社会現象にもなっていった。そして、このすさまじいまでの大ブレイクは、新日本内の藤波の立場にも影響を与えた。

新日本のジュニアヘビー級が〝タイガーマスクの世界〟になるなかで、MSGでのWWF王座奪取以来3年にわたりジュニアヘビー級のトップに君臨していた藤波のヘビー級転向が、本格的に検討され始めたのだ。

「タイガーマスクがデビューした当時は、俺もまだジュニアヘビー級だったからタッグも何度か組んだんだよ。でも、試合をしていても、お客さんの目がタイガーマスクのほうに向いているのがわかったから、たしかにやりづらい部分はあったね。レスラーであれば誰しも『自分に注目してほしい』と思っているもんだけど、タイガーマスクと組むと、注目はすべて向こうにいってしまうわけだから。

でも、これはもうしょうがない。リング上での動きが他のレスラーとは全然違ったから。もう画が変わってしまって、誰もがタイガーマスクの動きに目がいってしまうからね。だから俺は俺なりに、自分でできる範囲のジュニアの動きをしていた。でも、そういう状況を猪木さんはしっかり見てるんだよね。だからこそ、俺が正式にヘビー級に転向することになったと思うんだけど」

こうしてタイガーマスクのデビューから半年後、81年10月に藤波はジュニアヘビー級王座を返上し、正式にヘビー級に転向した。そして翌82年の元日興行から「飛龍十番勝負」がスタートするが、当時、ジュニアとヘビー級のトップ外国人との〝格差〟は大きく、ヘビー級転向直後の藤波は苦戦を強いられる。「十番勝負」は開始からボブ・バックランド、ハルク・ホーガン、アブドーラ・ザ・ブッチャーに敗れ、いきなり3連敗。4戦目のエル・カネック戦は両者リングアウトで引き分け。5戦目のディック・マードック戦は反則勝ちでようやく初白星を挙げるも内容的には苦しい展開だった。6戦目はWWF世界ヘビー級タイトルマッチとして再びボブ・バックランドと対戦したが、回転足折り固めで敗れ王座獲得はならず。そして開始からちょうど1年後、7戦目のジェシー・ベンチュラ戦で反則勝ちを拾ったのを最後に、「飛龍十番勝負」は10戦を完走することなく企画自体が自然消滅してしまった。

結果は藤波の2勝4敗1引き分け。負け越しただけでなく、クリーンなピンフォールでの勝利は一度も挙げることができなかった。

「あの当時、ヘビー級に転向したものの、ジュニアのイメージがなかなか抜けなくて、もがいていたんだよね。俺がいくらヘビー級の外国人と闘っても、ファンは『ジュニアの藤波が、ヘビー級のハルク・ホーガンやディック・マードック相手にどれだけできるか？』という、チャレンジマッチ的な見方しかされなかった。あまりにもジュニアヘビー級で成功してしまったがために、ヘビー級に脱皮するのが難しかったんだ。また、ヘビー級だとどうしても猪木さんと比較されるし、タイガーマスクがいるからいまさらジュニアヘビー級にも戻れない。自分のポジションを築けずに、焦っていたんだよ」

ヘビー級での自分を模索するなか、藤波は82年8月30日、ニューヨークのMSGで、ジノ・ブリットの持つWWFインターナショナルヘビー級王座に挑戦。ブレーンバスターからの体固めで見事勝利し、新王者に輝いた。

このMSGでのWWFインターヘビー級タイトル戦は、78年1月のMSGでのWWWFジュニア戦と同様、新間が仕掛けたもの。タイトル奪取でドラゴンブームの再燃が期待されたが、そうはならなかった。

ブリット戦の同日、MSGではタイガーマスクとダイナマイト・キッドのWWFジュニアヘビー級タイトルマッチも行われ、観客総立ちとなる伝説の名勝負となったのだ。それに割を食った形で藤波のWWFインター王座奪取は、期待されたほど大きなインパクトを残すことはできなかった。藤波の記念すべきヘビー級王座初戴冠は、タイガーマスクに食われてしまったのである。

〝名勝負数え唄〟でタイガーに並ぶ人気を獲得

「飛龍十番勝負」で結果を残せず、MSGでのWWFインターヘビー級王座獲得も起爆剤とはならず、ヘビー級でもがき続ける藤波にさらなる試練が訪れる。

82年10月8日後楽園ホールで行われた、猪木&藤波&長州力vsブッチャー&バッドニュース・アレン&S・D・ジョーンズの6人タッグマッチ。この日がメキシコからの帰国第1戦だった長州は、現地のメジャータイトルUWA世界ヘビー級王者となって帰国したにもかかわらず、これまでと同様に藤波より〝下〟の扱いであることに不満をあらわにし、試合前から味方である藤波と試合そっちのけで小競り合いを展開していた。そして、ついに試合中に仲間割れを起こし、マイクを握ると「なんで俺がいつまでもお前の下なんだ。俺はお前の噛《か》ませ犬じゃないぞ！」と、藤波に宣戦布告を行なったのだ。いわゆる「噛ませ犬事件」である。

それまで長州は、ミュンヘン五輪韓国レスリング代表選手として鳴りもの入りでプロレス入りしたものの、風貌も試合内容もどこか地味で、なかなかブレイクできずにくすぶっていた。それが不退転の決意で渡ったメキシコ遠征で、浅黒く焼けた肌に長髪というワイルドな風貌に変身。そして、不遇の時代が長かったからこそ、「お前の噛ませ犬じゃないぞ！」という長州の叫びは真に迫っており、その結果、多くの人々の共感を呼び、一躍時の人となったのだ。

藤波はこれに危機感をおぼえた。

「自分としては、『早くヘビー級のトップに食い込まなきゃいけないのに、お前に構ってるヒマはないんだよ！』っていう思いがあったよね。長州は『これでダメだったら、もうプロレスをやめよう』と決心していたわけでしょ？　俺は俺でジュニアに戻れないし、ヘビー級ではなかなかトップに食い込めない焦りがあった。だから長州との闘いというのは、どちらか落ちたほうが、ヘビー級のトップクラスへの道が閉ざされるということを意味する、ある種の〝真剣勝負〟だったんだよね。

だから、あの噛ませ犬発言のあと、最初の一騎打ちは（82年10月22日の）広島だったんだけど、もうケンカまがいの意地の張り合いだったからね。結果はノーコンテスト（無効試合）になったけど、あんなにやり合ったノーコンテストは今までなかった。当時は何度も夢で見ましたよ。長州との闘いで一つでも落としたら、俺はそこから脱落で、プロレスラーとして自分の出番はなくなるって。それぐらい切羽詰まった気持ちはありました」

藤波と言えば、ジュニアヘビー級時代も剛竜馬、阿修羅・原、木村健悟といった日本人のライバルが存在したが、長州との抗争は、それらとはまったく違う意味合いを持っていたという。

「剛や原、木村っていうのは、俺がジュニアのチャンピオンとして、一つ一つクリアすべき相手だったんだよね。でも、長州との抗争はそれとは全然違っていて、どちらが主役の座を奪うかという本当の闘いだったんだよ。自分がヘタを打ったら、その座がなくなるという、すごくシビアなシチュエーションだったんだ」

藤波vs長州は、生き残りをかけたリアルな闘いだったからこそ、毎回情念がぶつかり合うような激しい試合となった。そして、この抗争はいつしか〝名勝負数え唄〟と呼ばれるようになり、若者たちの圧倒的な支持を得たのだ。

「長州との抗争は当初、俺にとっては必ずしも本意ではなかったけど、お互いがムキになって必死に闘うことによって、最終的には猪木さんのメインイベントを食っちゃうくらいのものになった。それによって俺は、ジュニアから解放されて、ようやくヘビー級で自分の居場所を見つけることができたんだよ。

だから、もし長州の噛ませ犬発言がなかったら、もしくはジュニアのままでいたら、俺はとてもじゃないけどタイガーマスクには対抗できなかった。彼はそれくらいすごかったよね」

WWE殿堂入りの資格が間違いなくある

藤波vs長州の大ブレイクにより、新日本は猪木、タイガーマスクと並ぶ三本柱を確立。こうして80年代前半の空前のプロレスブームは、ピークを迎えるのだ。

「俺が長州と抗争していた時代、猪木さんやタイガーマスクの人気もあって、新日本のテレビ視聴率は常に20パーセント以上。テレビ朝日のすべての番組のなかでもトップの数字だったから、たまにテレ朝の本社に行く機会がある時なんかも、胸を張って歩けた。

試合会場も全国どこに行っても満員。あの頃は営業もラクだっただろうね（笑）。だって、我々が身内を招待しようとしても家族券すらないんだもん。営業が自分のお客さんに売るためにみんなチケットを持っていっちゃってたから。レスラーが身内のチケットを押さえるのも大変だったくらいだからね」

しかし、そんな人気絶頂の最中、タイガーマスクは83年8月10日に内容証明付き契約解除通告書を新日本とテレビ朝日に送付。突如、ファンの前から姿を消してしまう。その時の思いを藤波はこう語る。

「佐山は新日本を退団したあと、彼がやりたかったシューティングに取り組んで、格闘技を究めようとしたわけだから、それは彼にとってよかったんでしょう。また、佐山のシューティングや猪木さんの異種格闘技戦が、のちにK－1やPRIDEを生んだんだろうし、格闘技の世界に大きな影響を与えたんだと思う。

ただ、僕はプロレス界の人間だから、あれだけ才能を持ったレスラーが若くして一度プロレスから離れてしまったのは残念だったし、もったいなかったな、と思う。ジュニアヘビー級独特の動きを定着させたのは、間違いなくタイガーマスクだったし、彼がプロレス界に与えた影響は計り知れないからね。だから僕はぜひ、タイガーマスクにＷＷＥ殿堂入りをしてほしいんだよね。彼にはその資格が間違いなくあると思う。

タイガーマスクが殿堂入りすることで、あらためて世界中のプロレスファンに彼の功績を知ってほしい。新日本でタイガーマスクが活躍したのは2年ちょっとだけど、その輝きは、誰にも負けないものを持っていたからね」

証言

山崎一夫

佐山さんは、前田さん、髙田さんとは〝志〟が近いと思っていた

取材・文●ジャン斉藤

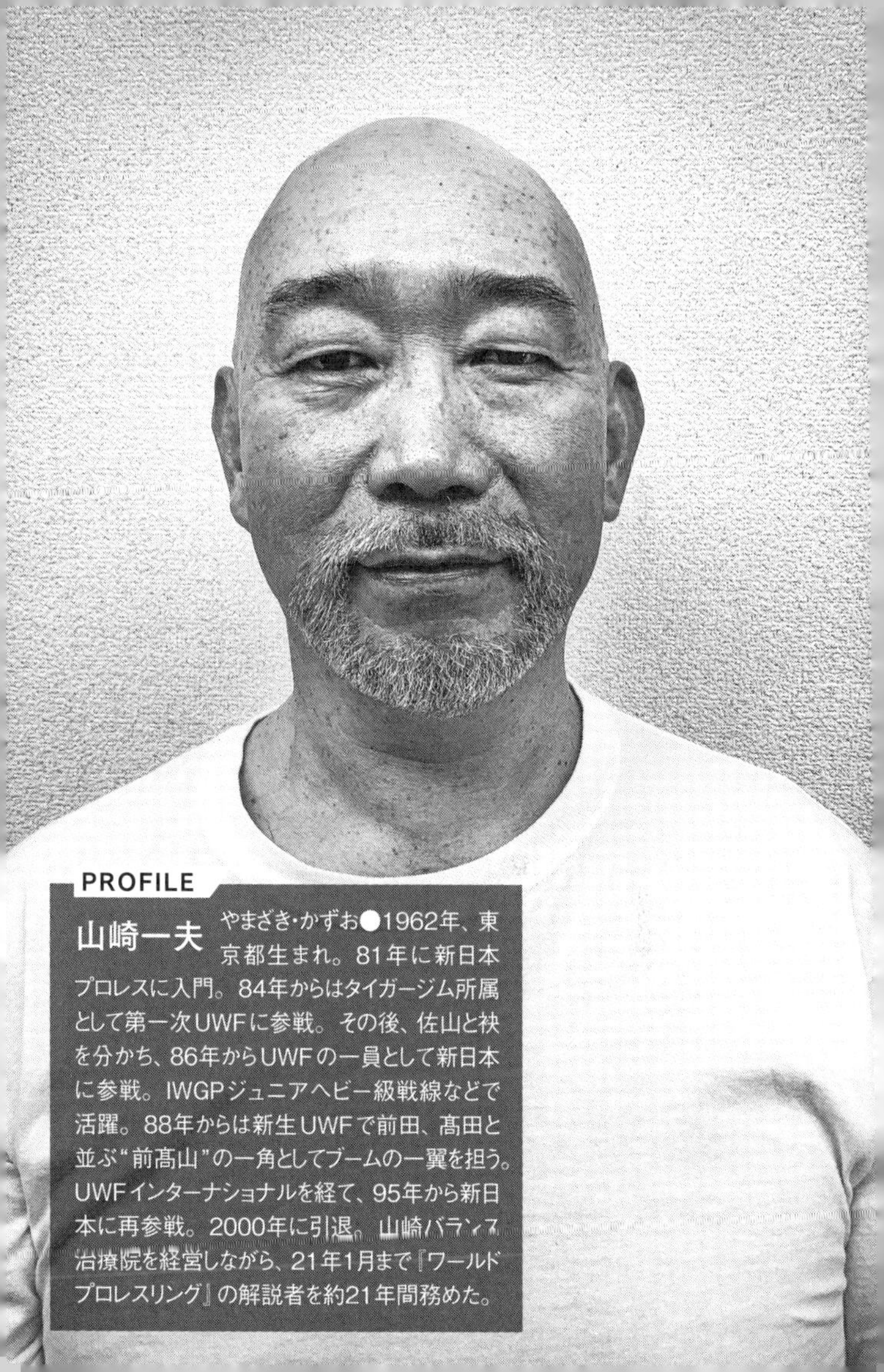

PROFILE

山崎一夫
やまざき・かずお●1962年、東京都生まれ。81年に新日本プロレスに入門。84年からはタイガージム所属として第一次UWFに参戦。その後、佐山と袂を分かち、86年からUWFの一員として新日本に参戦。IWGPジュニアヘビー級戦線などで活躍。88年からは新生UWFで前田、髙田と並ぶ"前髙山"の一角としてブームの一翼を担う。UWFインターナショナルを経て、95年から新日本に再参戦。2000年に引退。山崎バランス治療院を経営しながら、21年1月まで『ワールドプロレスリング』の解説者を約21年間務めた。

初代タイガーマスクに憧れてプロレスラーや格闘家を目指した人間は数えきれないが、その一番弟子ともいえる山崎一夫は、タイガーマスク以前の佐山聡というプロレスラーを認識せず傍らにつき、類まれな一流の技術を受け継いだ稀有《けう》な存在である。山崎は新日本プロレス、タイガージム、第一次ＵＷＦと、師である佐山に連れ添って歩いた。２人の出会いは山崎が新日本に入門した１９８１年のこと。その年の4月23日の蔵前国技館にて、佐山聡がタイガーマスクとして鮮烈デビューを飾った時だった。

「僕は佐山さんがタイガーマスクとして帰国する前は、猪木さん、坂口征二さん、藤波辰爾さんの付き人の補佐という形で付き人の勉強をしていたんですね。実は佐山さんの存在自体を知らなかったんですよ。新日本に入った時、寮長は前田（日明）さんでしたが、佐山さんはすでに海外に出られていて。だから佐山さんのことはよくわからなかったんです。

タイガーマスクのデビュー戦当日も佐山さんだけ別の控室で、その存在はまったくの秘密だったんですね。誰からも何も聞かされていなかったので、正体が外国人なのか日本人なのかもわからなかった。観客のみなさんと同じ視線でタイガーマスクのデビュー戦を見てました。試合は衝撃でしたね。こんな華麗な動きをするプロレスラーがいるんだって本当にビックリしました」

想像できることはできる、すごい運動能力

四次元殺法と称賛されたタイガーマスクのプロレスは日本全国に大反響を巻き起こす。

当初は1日限定の参戦だったが、ビジネスチャンスと捉えた新日本プロレスは佐山にタイガーマスクの継続を依頼。山崎は坂口征二から「佐山に付くように」と付き人の指示が入った。

「佐山さんの付き人は全然大変ではなかったです。年齢差は5歳で、ちょっと年上のお兄さんみたいに気さくで、弟のようにかわいがってくれたことしか記憶になくて。佐山さんが修斗の合宿で怒ってる動画を見た方から『すごく怖いんでしょ?』って尋ねられるんですが、僕は佐山さんに怒られたことが一度もないんですよね。背中もちゃんと流したことはないです。『いいよいいよ、体くらい自分で洗うよ』と」

当時人気絶頂だったタイガーマスクの付き人には、他のレスラーのそれとは異なる仕事が待っていた。

「人気がすごかったのでカメラ小僧が佐山さんを追っかけ回すんですよ。地方巡業で泊まるホテルなんかも調べてバレちゃってるんですよね。そうすると朝イチから佐山さんの素顔を撮ろうとカメラ小僧が待ち構えてるんです。僕の巡業先での朝イチの仕事は、たとえばホテルを7時に出るとします。巡業のバスに乗り込む時に狙われちゃうので、6時半にフロントまで下りていってカメラ小僧の姿をチェックする。だいたい2～3人はいるんですけどね。それで佐山さんの部屋に戻って『すみません、カメラ小僧が下で待ってるので今日もマスクをつけていただきたいんですけど……』ってお願いします。

会場入りする時も当然マスクを被るんですけど。面白かったのは僕と佐山さんでタクシーに乗って会場入りする時、タクシーが会場に近づくと、佐山さんはさっとマスクを被るんです。すると、それまで佐山さんを意識してなかった運転手のおじさんが『あれ!? タイガーマスクだったの!? どんな顔か、ちゃんとよく見とけばよかった!』ってビックリするわけですよね（笑）。そりゃ驚きますよね。大人気のタイガーマスクが素顔でタクシーに乗っていたわけですから」

サイン会に雑誌取材、テレビ出演などで多忙を極め、なかなか道場に足を運ぶ時間が割けなくなった佐山だったが、そんななかでも決して練習を欠かさないプロとしての姿勢、天才的な身体能力を山崎は目の当たりにする。

「佐山さんは昼間の仕事が終わってから、夜中に道場に来たりするんですね。僕は付き人なのでジャージやTシャツを用意して、トレーニングのヘルプをすることもありました。鮮明に憶えているのは、夜中に道場にやってきた佐山さんが『山ちゃんさ、そのリングの下に立っててくれる?』と。リングの下に走り高跳びの着地する時に使うような分厚いマットを敷くと、リング上の佐山さんが反対方向に走り出して、ロープから跳ね返って側転した勢いでトップロープを飛び越えて、場外の僕めがけて飛んできました」

それは伝説のオリジナル技「スペース・フライング・タイガードロップ」の実験だった。のちに佐山は82年6月18日、蔵前国技館のウルトラマン戦でこの技を初披露する。

「佐山さんは2回くらい試したら『できればいいや』と練習終了。たった2回であんな高度な技を完成させちゃったんですよ。佐山さんは頭の中で想像できることはできちゃうんでしょうね。ものすごい運動能力です。

佐山さんのプロレスがそれまでとは違うのは、子供のファンが会場に足を運ぶようになったことです。子供がプロレスを観たいとなれば、親も一緒に会場に来る。それだけチケットはよけいに売れるわけですからね。子供たちの声援が多くなって新日本の会場の雰囲気も全然変わりました。それまでは藤波さんの女性人気で黄色い声が飛ぶくらいだったんですけど、子供たちが必死に『タイガー頑張れ！』って叫ぶ。そしてその子供たちは大人になってもプロレスを見ますから。タイガーマスクを通して他のプロレスラーのファンになる場合もありますし、プロレスを見るきっかけとしてはすごく重要な存在だったと思いますね」

ショウジ・コンチャはずば抜けて怪しい人

佐山はこうして日本中にタイガーマスクブームを巻き起こしたが、その活動期間はわずか2年4カ月で幕を閉じる。タイガーマスクを続けることの苦しさから電撃的にリングから去ってしまったのだ。付き人の山崎は、天才が苦悩する姿を目にすることはなかったという。

「僕らにはそんな姿はいっさい見せませんでしたけど……やっぱり佐山さん本人の理想とするプロレスは格闘技というか、ストロングスタイルのほうで。御恩がある猪木さんや新間（寿）さんに頼まれたからには、自分の役目としてタイガーマスクをこなさなければという使命感はあったんじゃないでしょうかね。ましてやそのタイガーマスク人気で会社が儲《もう》かっているし……でも限界だったんでしょうね」

83年8月10日、佐山は新日本に対して一方的に契約解除を通告。タイガーマスク引退を表明し、その正体と素顔を世の中に明らかにした。付き人だった山崎は、佐山の一連の行動を事前に何も聞かされていなかった。

「佐山さんが辞めたことは本当に突然でした。当時合宿所にいる人間は誰も事前に知らなかったんです。それ以前に新日本の事務所に行ったりすると、佐山さんがショウジ・コンチャというちょっと怪しい人と一緒にいることがあって。なんとなくですが、会社とちょっと揉《も》めてるのかなあと。結局ショウジ・コンチャさんが佐山さんの後ろで何か企《たくら》んでいたのかなって。ショウジ・コンチャさんはもう風貌からして怪しいですからね。ずば抜けて怪しい人でしたね（笑）」

悩める虎、佐山聡の懐に潜り込んだ怪人ショウジ・コンチャの暗躍。付き人の山崎からしても「怪しい」と見切った男を佐山はなぜマネージャーに据え、全幅の信頼を寄せたのだろうか。

「うーん、そこは佐山さんに聞いてみないとなんとも言えませんけど……タイガージム計画もあったのかなと。僕がもしタイガーマスクだったらってことを考えると、これから先そんなに長くリングには立てないんじゃないかなと。さっきのスペース・フライング・タイガードロップじゃないですけど、佐山さんはどんな新しい技でも思ったとおりにできち

ゃう人。でも、お客さんはもっとすごいことを求めてエスカレートしていくものですし、やっぱり人間だから限界もあります。あのタイガーマスクのままでいいかもしれないですけど、佐山さん本人としては要求されるちょっと上を目指そうとするんじゃないかなと。っていうことを考えると、タイガーマスクを続ける苦しさはあったんじゃないかなと。それとはまた別にシューティングをやりたい思いも強かったんでしょうし。自分の格闘技ジムから選手を生み出したい夢が佐山さんの頭の中でワーッと広がっていった時に、うまくショウジ・コンチャさんに乗せられたんじゃないかなと思います」

山崎もまもなく新日本を退団して、佐山が立ち上げたタイガージムのインストラクターを務めることになる。しかし、山崎は佐山に追随して新日本を離れたわけではなかった。

「僕が辞めたのは、佐山さんが辞められた理由とは全然違います。あの頃の新日本はいろいろとゴチャゴチャしてて、試合自体はメインの人はメインの人、前座は前座みたいな役割が全然変わらずで。一生懸命厳しい練習をしているのにメインを目指せる雰囲気はない。このまま新日本に残っても……プロレスに対する熱が冷めちゃったんですね。僕が辞めようと決心したあたりで佐山さんが先に辞められちゃって。たまたまあのタイミングだったんです。

タイガージムのインストラクターになったのも、佐山さんとの偶然の再会からです。新日本の道場は等々力《とどろき》（世田谷区）にありまして、僕が住んでいたのが用賀（世田谷区）なんですね。僕が家の近所を歩いていたら、車に乗った佐山さん……ショウジ・コンチャのベンツなんですけど、ベンツがさーっと止まって窓が開いて、『山ちゃん、元気?』って。そこで『実は僕、新日本を辞めようと思ってるんです』と伝えたら、佐山さんからタイガージムを始めるという話を聞いて、インストラクターとして来ないかということになりました。新日本を辞めてすぐにタイガージムのオープニングメンバーになったのはそういうことです。新日本の関係者からは『最初から話ができてたんじゃないか』と思われたかもですね。ちゃんと挨拶をして辞めたわけではなく、勝手にいなくなっちゃったので、それはすごく失礼なことしたなと今でも思います」

いつの間にか消えたショウジ・コンチャ

こうしてタイガージムのインストラクターに就いた山崎はその業務の傍ら、佐山が目指すシューティングの確立にかかわっていく。UWFの象徴ともいえるレガース開発の現場にも立ち会っているのだ。

「佐山さんはシューティングで使うためのレガースを試行錯誤しながら開発してて、僕も試し履きをしていました。レガースの素材はマスク屋さんのSIMAスポーツに相談して、佐山さんと一緒に足を運びました。伸縮性はどうか、すね当てが取れちゃうから膝の下のところでギュッと縛る。ただ縛りすぎると血行が悪くなって足が痛くなっちゃう。素材から構造からイチからつくるのは本当に大変でした。今では当たり前のようにレガースは定着してますよね。あとになって佐山さんは『特許や商標登録しておけばよかったね』

って冗談で言ってましたけど（笑）。

シューティングの指導についていえば、佐山さんの話では今まで僕らがやってきた関節技、投げ、それから蹴りの三つを教えていくと。関節技や投げは新日本の道場で学んだ技術がありましたが、蹴りに関してはタイガージムで身につけたものです」

山崎一夫の代名詞といえば多彩な蹴り技だ。プロレスラーになるまで打撃のバックボーンが何もなかった山崎は、タイガージムで佐山からキックの技術を教わっている。

「僕は10代の頃から、どうしてプロレスラーってキックボクシングみたいに蹴る人がいないのかなって不思議に思っていたんです。当時のプロレスはキックといえばストンピングが主流。佐山さんがタイガーマスクになってからキックボクサーみたいに蹴るんですけど、それまでそういう動きをする選手がいなかったんですよね。

佐山さんと出会えたことは僕のプロレスラー人生にとってものすごく大きいです。だってキックのキの字も知らない小僧が蹴り方を学ばせていただいたわけですから。後々になって佐山さんと昔話をした時にわかったんですけど、僕がやっていたのは特殊なトレーニングだったんですね。天井から紐をぶらさげて、ハイキックで当たるくらいの位置に紙テープをつける。佐山さんから『そのテープを足で切ってごらん』と。佐山さんは『山ちゃんにこういうふうに教えたら、こういう体の使い方をするんだろうな』って考えてやらせたんですね。キックミットやサンドバッグでの練習もマンツーマンで指導していただいた。佐山さんがいなかったら僕はキックの技術を身につけることはできなかったですね」

山崎一夫は右利きで本来はオーソドックススタイルになるが、佐山とのスパーによってサウスポースタイルも習得した。

「僕は手も足も右利きなんですよ。ボールを蹴るのも右なんですけど、キックの場合は左なんです。なぜ左で蹴れるかといえば、佐山さんの蹴りが怖いからで（苦笑）。佐山さんの蹴りを受ける時に、右足を前にしてガードしたり、捌《さば》いたりするほうが楽だったんです。だからいつのまにか左でスムーズに蹴れるようになった。佐山さんとのスパーリングのおかげで僕は左で蹴れるようになったんです」

佐山がシューティング確立に模索するなか、そのブレーンだった怪人ショウジ・コンチャはいつのまにか佐山のもとから姿を消していた。

「ジムの場所が瀬田（世田谷区）から三軒茶屋（世田谷区）に移って、ジムの名前がスーパー・タイガージムに変わったくらいには、ショウジ・コンチャさんはいなかったですね。とくに説明もなく大人の事情なんだろうなあと。ガキの僕が質問することでもないですし、僕はとにかく佐山さんに言われたことをやっていただけですね。

タイガーマスク人気もあってジムの会員数がすごかったんですよ。だけど佐山さんがなかなかジムに来られなくなって。指導は僕と宮戸（優光）がやっていたんですけどね。佐山さんがジムに来なくなると、会員がやっぱりだんだん減っていくんです」

「お前は何をやってるんだ。プロレスやれ」

佐山の城を預かり、インストラクター業に励む山崎に大きな転機が訪れる。ユニバーサル・プロレスリング（第一次ＵＷＦ）から佐山にオファーがあったのだ。新日本の内部クーデター（83年8月）の余波から産み落とされた鬼っ子ともいえる団体は、スター選手が不在だったことから集客に苦しみ、いきおい佐山のネームバリューに頼った。

「無限大記念日という大会の2日間だけタイガーマスクとして出てくれないかというオファーで。タイガーマスクの名前は権利的にダメで、ザ・タイガーになったんですよね。そこで佐山さんから『山ちゃんも出る？』って聞かれて僕もオマケで試合をすることになったんです。『タイガージムで練習していることをそのまま出せばいいよ』と言われて。またプロレスの試合ができることは、すごくうれしかったです。僕は志半ばで新日本を辞めてるので、またリングに上がれるんだ、このチャンスを逃したら二度とないなと」

84年7月23日、後楽園ホール、ＵＷＦ無限大記念日。第1試合にはプロレス史上初となるレガースを装着した男がリングに上がった。誰あろう山崎一夫だった。山崎はメキシコのルチャドール、ガジョ・タパドと対戦。山崎はシューティングの技術で圧勝したが、結果的に佐山とＵＷＦの離別を予感させる内容となったといえる。

「僕は佐山さんから『タイガージムで練習している蹴りと投げと関節技をそのまま出せばいい。余計なことはするな』と言われて。なので相手のドロップキックを払い落として、前蹴りでバンバン蹴って、相手は打撃のガードを知らないので好き放題に蹴りまくったんですよね。僕が相手の気持ちになってみたら、とんでもない団体に呼ばれちゃったたって思いますよ(苦笑)。実際、佐山さんとユニバーサルの社員の方の思惑はまるで違うんですよ。社員の方たちは、ベタなプロレスをやってくれと」

当時のUWFにはラッシャー木村や剛竜馬、マッハ隼人といった従来のプロレススタイルをこなす選手が多数所属しており、格闘技色はそれほど色濃いものでなかった。山崎は2日目の第1試合でもエル・ファンタスマというルチャドールをシューティングスタイルで粉砕する。

「僕はその2日間だけの試合だと聞いていたし、リングに上がれる嬉《うれ》しさと、今までタイガージムで学んできた技術を披露できる嬉しさで、そのまんま闘って、半ば相手は戦意喪失しちゃうわけですよ。お客さんからすれば『なんだこの試合は……』って戸惑ったでしょうね。僕はやることやってリングを下りてきたら、社員の人に『お前は何をやってるんだ。プロレスやれ、プロレスをやるためにここに来たんだぞ』って文句を言われて僕はしょげるわけです(苦笑)。控室に戻ると佐山さん一人だけが『山ちゃん、あれでいいんだよ』と褒めてくれて。佐山さんはゆくゆくはそういうプロレスをUWFでやっていくんだって考えていたと思うんです」

佐山のプロレス復帰は反響を呼び、ザ・タイガーをスーパー・タイガーという名称にあらため、ユニバーサルに正式入団する。それに伴い山崎も引き続きプロレスを続けることになった。ユニバーサルは佐山主導のもとストロングスタイルを先鋭化させたシューティングプロレス路線が推し進められ、カルト的な人気を獲得していく。しかし、その革新的な闘いの面白さは地方には浸透しておらず、従来の巡業方式を取り入れているＵＷＦの興行不振は改善されなかった。貧すれば鈍する。団体の方向性をめぐって、選手や社員たちの関係に徐々にヒビが入っていった。

「おそらくですけど、佐山さんの考えているスタイルと、他の選手が考えていたスタイルはルールを含めてちょっとずつズレが出てきたんでしょうね。何事でもそうですが、最初は目標に向かって一丸になりますけど、ちょっとずつ方向性のズレを感じるようになると……。僕は、佐山さんから『こういうルールでこうだよ』って言われたものをそのままやるだけで、何も考えてなかったです。

これは後々知った話ですけど、ユニバーサルの経営が傾いて金がない時に、佐山さんだけがジム経営の収入があるっていうやっかみがあったみたいなんです。インストラクターだった僕にもそういう目を向けられていたんだろうと思いますけど、そんなにバカスカ儲かるもんでもないし、佐山さんがジムに来なければ会員数はどんどん減っていく。ジム経営は外から見るほど甘くはないですよ」

誰かに相談することのない天才タイプ

ＵＷＦにおける佐山の方針は、ルールを整備し、スポーツとしてのプロレスを確立するもの。その一つとして、激しい試合をするためには試合間隔を空ける。すなわち興行数を減らすことは、周囲からすれば興行を蔑《ないがし》ろにするような改革と捉えられた。佐山のやり方に反発する選手、社員との対立は日に日に深刻さを増していく。佐山とそれ以外の断絶はリングの上で、いびつな形で顕わとなった。

85年9月2日、大阪府立臨海スポーツセンター。佐山のやり方に不満を募らせていた前田日明は、スーパー・タイガー（佐山）とのシングルマッチでケンカファイトを仕掛けた。しかし、佐山は前田の暴走には付き合わず、前田の反則をアピール。反則裁定で試合は消化不良のまま、あっけなく終わった。

「あの時はセコンドにいたのかな。試合はギクシャクしてましたよね。急所に入ったの入ってないの、反則だ反則じゃないだのって話題になりましたけど……個人的には『そこ？』って感じで。試合中に急所に入ることはありえますし、ハプニング的にケガしちゃうこともありましたし、それがUWFスタイルだったので……あの試合で何かあったわけではなく、そこに至るまでに何かが……何があったのかはなんとも言えないですけど。試合後の佐山さんとは何も話はしてないです」

この試合を最後に佐山はUWFから去っていく。佐山が掲げた方針は誰にも理解されず、UWFから〝追放〟された図式だが、山崎の目からは佐山と他のレスラー同士の関係は、決して悪いようには見えなかったと語る。

「ご存じのとおり、佐山さんは人当たりがいいので、自ら揉め事を起こそうというタイプではないんですね。前田さんとも仲は良かったですよ。それこそ佐山さんのほうがちょっと先輩で歳もちょっと上で、新日本の道場でもずっとやってきたわけですから。髙田（延彦）さんも後輩ですし、藤原（喜明）さんも佐山さんにとっては旧知の間柄で、その後も親交はあったじゃないですか。みんな仲良かったんですよ。

きっと佐山さんはUWFで試したいことがあって、新日本出身で志が近いと思っていた藤原さん、前田さん、髙田さんといった人たちと一緒にやってみたかったんじゃないですかね。ただ、前田さんは前田さんで、興行会社としての団体を守るっていう立場の考え方が強かったということですよね。揉めるのはしょうがないですよ。さっきも言ったように自分の本当の方向性が顕《あらわ》になっていくと、ちょっとズレてくるのかなと」

佐山が目指したシューティングプロレスは、皮肉なことに、佐山に反発した選手たちの手によって、のちのU系団体のルールや興行デザインに反映され、プロレス文化の一つとして花咲くことになる。佐山のやり方が理解されなかったのは時代が早すぎたこと、そしてその天才性にあると山崎は推測する。

「シューティングの構想については佐山さんからちょっとしたお話はありましたけど……こういう悩みがあってとか、こうしたいという相談の相手には僕はならないんだと思いますね。レガース以外の相談はほとんどないです。それは僕だけにかぎらず、佐山さんは誰かに相談するってことはあまりないんじゃないですかね。自分の中でずっと考えて解決していく天才タイプだと思います。たとえばルールづくりなんかもパソコンと向き合って自分で詰めていく。ああじゃない、こうじゃないって考えるけども、誰かに相談することはない。自分でなんでもできちゃう人なので、問題があっても自分でなんとかしちゃうんでしょうね。

今となってはその佐山さんのやりたかったことはよくわかります。総合格闘技的なことですよね。佐山さんはちょっと早いんですよね、発想とかやることが。レガースだって最初は『なんのために付けるの？』みたいに言われるわけですよね。

佐山さんとスパーリングをすると、すね当てがないと危ない。レガースの必然性があったから僕は不思議には思わなかった。佐山さんに『パンチを打つのにグローブがいるでしょ。蹴るのにすねを守るものがないとダメなんだよ』って言われて、たしかにそうだなと。すね当てを着けたほうが思いっきり蹴れるんですよ。今はファッション的なところもあって、ちゃんと蹴る選手も蹴らない選手もかっこいいから付けるみたいですけど（笑）」

佐山に連れられてUWFに参戦した山崎だったが、佐山が離れても山崎はそのままUWFに残留する。山崎はスーパー・タイガージムのインストラクターを辞め、プロレスに専念する決意を固めた。

「僕は、ここを逃したらもうリングに上がれないという想いが強いので、佐山さんに頭を下げて『僕はこのままプロレスを続けたいです』って伝えたら、佐山さんは『いいよいいよ、わかったよ。山ちゃんはこのまま頑張りな』と快く送り出してくれたんですね。それで僕はUWFに残る形になるんです」

世間が望むのはマスクをつけた佐山さん

佐山は本格的にシューティング創設に動き出す。その過程でタイガーマスク時代の自分や、プロレスを否定するかのような言動を見せることが度々あった。プロレスの内幕を明かした『ケーフェイ』（85年）の出版もその一つだ。

「僕はもうすぐ60歳になりますけど、これが新しい、これがやりたいと思った時に今までのこと、つまり過去を否定するのがいちばん簡単なんですよね。それは周囲からすれば、後ろ足で砂をかけているように見えますけど、佐山さん本人の中でもいろんなジレンマや苦しみはあったんだと思います。過去を否定してまでも新しいことをやりたかったっていうことだと思いますね。

佐山さんは新しいことをやるために、プロレスを捨てたかったんでしょうね。捨てたかったんでしょうけど、結局マスクを被ることで集客力があることは、ユニバーサルでまざまざと見せつけられるわけじゃないですか。だからユニバーサルとしても佐山聡としてではなく、タイガーマスクとして闘ってほしいと。ユニバーサルでは途中でマスクを脱いで素顔で闘うんですけど、リングネームはスーパー・タイガーのままでしたし。マスクをつける、タイガーを名乗ることでお客さんが来てくれるという現実も突きつけられるわけですよね。

佐山さんは苦しかったと思いますよ。本当はシューティング、掣圏道なりのプロデュースをやっていきたいんだけど、世間が望むのはマスクをつけた佐山さんなので。もともとタイガーマスクになるっていうこと自体が本人が望んでいたことじゃないし、望んでないのに人気に火がついて続けなければいけない。

佐山さんはUWF以降もタイガーマスクからまったく離れて、自分のやりたいことをやっていくことにはかなり苦労されたようですもんね。だから結局お客さんの前に出る時や、リングに上がる時にマスクをつけることが自分を活かす道だってことを感じられて、ある意味マスクの呪縛ですよね……」

前田との不穏試合から9年後の94年5月1日、佐山はプロレスのリングに舞い戻ってきた。場所は故郷の新日本プロレス。素顔の佐山聡として獣神サンダー・ライガーとエキシビジョンマッチを行なった。翌年からは一度は捨てた虎の仮面を被り、初代タイガーマスクとして活動を再開。タイガーキングの名で新日本のリングで、佐山の師匠・アントニオ猪木ともシングルマッチが実現した（97年4月12日、東京ドーム）。新日本に参戦中の山崎とも師弟対決で激突したが（97年8月31日、横浜アリーナ。タイガーキング&小林邦昭vs山崎一夫&ケンドー・カシン）、山崎はまったく記憶にないという。

「あぁ……なんか僕も佐山さんと試合をやったらしいですね（笑）。それね、あんまり記憶にないんですよ、正直。僕が鮮明なのは……つい最近YouTubeで見たんですけど、UWFの時に素顔の佐山さんにハイキックでノックアウトされた試合なんですよ（85年4月12日）。ハイキックをもらって、なんとか立とうとするんですけど、見てる景色が歪《ゆが》むんです。どうにも立てなくて、その後の記憶がなかったんです。YouTubeで試合を見直すと、佐山さんがすごく気遣ってくれていたんですね。『大丈夫か？』と頭を冷やしてくれたり。ああ、佐山さんはこんなケアをしてくれてたんだなって。

佐山さんにＫＯされたあの蹴りはまったく見えなかったです。佐山さんの右のローキックが来たなって思った瞬間、軌道が変わってハイキック。佐山さんはスパーリングでは一度も見せてなかったんです。普段は一緒に練習してるけど、いつ試合をするかはわからない。みんな技術が上がってくるとだまし合いになってくるんですね。それも経験させてもらいました」

大変な時期に支えることができなかった

山崎が佐山と出会ってから40年――２０２１年4月22日の「ストロングスタイルプロレス～初代タイガーマスク40周年記念第1弾～」後楽園ホール大会で、師弟は久しぶりに顔を合わせた。山崎は、記念セレモニーに登場する佐山をリング上へと先導し、そのままリング下から佐山を見守っていた。

「本当に何かお手伝いしたいってことで、代表の平井丈雅さんにお願いしておじゃましました。昔の付き人のように、佐山さんのそばにいたかっただけなんですが、リング下でセレモニーを見てたら、事前にお断りしたんですけど、平井さんから『ぜひリングに上って花束を渡してください』とお願いされて。その場で言われて、花束を手渡されちゃったら断れないですよね。それでリングに上がって挨拶をさせていただきました。僕は佐山さんに恩返しが何もできてなくて、今は体調あまりよくないみたいなので、何か恩返ししたいなっていう歳になった。

僕のプロレス人生は佐山さんの付き人から始まった。僕の人生の中で欠かせない人なんです。

佐山さんの付き人になってなかったら、タイガージムのインストラクターになってなかったら、どうなっていたのか。佐山さんがＵＷＦを辞めた時に、『山ちゃん、一緒にタイガージムに戻ろうよ』って言われたら……あのあと僕はプロレスをやってなかったかもしれない。佐山さんは僕のことを考えていてくれて自由にやらせてくれました。

佐山さんのそばにいて悪い思い出って一つもないんですよ。あのあと佐山さんはいろいろとご苦労されて……その時期のことは僕は知らないし、佐山さんのそばにいることはできなかった。佐山さんが人変な時期に支えることができなかったんです。だから少しでも恩返しをしたいんですね」

初代タイガーマスク誕生40周年の21年は、山崎一夫が佐山聡と出会ってから40年目でもある。山崎は一つの節目ではなく、弟子として新たな一歩を踏み出そうとしている。

街中でキレてるのを何回も見てるけど、警察官が10人いても敵わない

証言

藤原敏男

取材・文●堀江ガンツ

PROFILE

藤原敏男

ふじわら・としお●1948年、岩手県生まれ。69年に目白ジムへ入門。黒崎健時の指導を受け、同年10月にはキックボクサーとしてプロデビュー。71年、全日本キックの初代ライト級王者に。78年、タイのモンサワン・ルークチェンマイにKO勝ちし、ラジャダムナン・スタジアムライト級王座を獲得。ムエタイ史上初の外国人王者となった。79年、黒崎健時が興した「新格闘術」に転向。83年、引退。07年に「藤原スポーツジム」設立。2010年、立ち技系格闘技のコミッション組織「ジャパン・マーシャルアーツ・ディレクターズ」理事長に就任。

初代タイガーマスクといえば、ローリングソバットをはじめとした華麗な蹴り技が大きな魅力のひとつだ。

現在のプロレス界では、両脚にレガースをハメて蹴りを得意技とするレスラーが無数にいるが、もともとプロレスにキックボクシング流の蹴りを持ち込んだ第一人者が初代タイガーマスクこと佐山聡であり、レガースを考案し、プロレスの試合コスチュームに導入したのも佐山だ。

その佐山が最初に蹴りを身につけたのが、新日本プロレスの新人時代に通っていた、〝鬼の黒崎〟こと黒崎健時が主宰する目白ジム。その目白ジムの大看板選手が、1978年に外国人として初めてムエタイ・ラジャダムナン・スタジアムのチャンピオンとなる藤原敏男だった。

藤原は、佐山の目白ジム入門以来、足掛け45年以上の付き合いがあり、今では親友でもある。佐山がストロングスタイルプロレスの興行で観客に向かって挨拶する際、「今日はコーナー最上段に登ろうと思っていたんですけど、3日前に藤原敏男に腰を蹴られて上がれなくなりました」など、〝トシちゃん〟をオチに使うのも恒例だ。

そんな公私共に佐山をよく知る藤原に、〝タイガーマスク以前〟の姿と、格闘技者としての佐山聡を語ってもらった。

佐山聡は理論派

藤原敏男は、1948年、岩手県生まれ。高校卒業後、設計の勉強をするために上京し、住み込みで牛乳配達をしながら学校に通っていたが、その配達区内に目白ジムがあったことがきっかけで、キックの世界に飛び込んだ。

「もともとキックボクシングは、テレビで沢村忠さんの試合を観て、『世の中にはこんな過激なスポーツがあるんだな』と思って、興味があったんですよ。そうしたら、たまたま配達区域にキックのジムがあったのでのぞいてみたら、いきなり『誰だ、コラッ!』って怒鳴られて、奥から出てきたのが、鬼みたいな顔をした黒崎先生だった。すぐ逃げたかったんだけど、金縛りみたいに動けなくなってね。『キックボクシングに興味があって来ました』って言ってしまったもんだから、『じゃあ、入れ』ってことで、入門することになっちゃったんだよ(笑)。

ただ、その時、俺は学生の身だから、フィットネス感覚で入って試合をするつもりもなかったんだけど、入門して2カ月で『試合やってみろ』って言われてデビューしたら、1ラウンドでKO勝ちしたんですよ。そこで『なんだ、こんなものか』と思ったのが運の尽き。2戦目でいきなり(本場ムエタイの)タイ人をぶつけられて、当時はフリーノックダウン制だから12~13回ダウンさせられて負けてね。

翌日はローキックのダメージで歩けなかったんだけど、10日後にはもう3試合目が組まれてて、また相手がタイ人だったから、その時も12~13回ダウン奪われて。試合後は生まれて初めて入院したんですよ。精密検査の結果、脳に問題はなかったんだけど、こんなにダウンしてたらバカになると思ってね。負けた悔しさもあったから、『俺も内弟子になって、先生に徹底的にしごいてもらおう』と思って、そこから地獄の特訓の日々が始まったね」

藤原は設計の学校を卒業まであと半年というところで退学。本格的にプロキックボクサーの道を歩み始める。

「黒崎先生の教えは、『サラリーマンは1日8時間働いている。お前らはプロなんだから、最低10時間は練習しろ!』っていうもの。さすがに学校に通っていられなくなったんですよ。

練習は厳しかったけど、まあ、昭和の時代だからね。こっちは厳しいのが当たり前だと思って入っているし、俺らは好きな道に入ってやってるんだからさ。それを口に出すのは、あまり好きじゃなかったね。だから、今の若い連中なんか、泣き言ばっかり言ってるからさ、『お前ら、好きな道でメシ食ってるのになにを泣き言を言ってるんだ!』って言ってやるんですよ」

1日に10時間を超える猛烈な練習によって、藤原は71年に全日本キックボクシング初代ライト級王座を獲得。その後、元プロボクシングWBA世界フェザー級王者の西城正三や、ムエタイのトップランカーなどを下し、藤原が全盛期を迎えようとしていた76年に目白ジムに入門してきた若者が佐山聡だった。

「佐山は最初、身分を隠して入門してきたんだよね。こっちもプロレスラーはデカいっていうイメージだったから、体重こそ90キロ近くあったけど、身長が170センチちょっとの佐山を、『いい体してるな』とは思ったけど、プロレスラーだとは思わなかった。でも、いざやってみたら半端じゃない身体能力だったから、『こいつはただ者じゃないな』ってことで、しばらくして新日本のレスラーだって、バレたみたいだけどね。

考えてみたら、たいしたもんだよ。新日本だって厳しい練習で有名だったのに、そこでの練習が終わってから目白ジムに来るんだから。うちの（黒崎）先生も鬼だったけど、新日本の山本小鉄さんも鬼だったっていうし。なんであの時代の厳しい先生は、みんな鬼になっちゃうんだろうね（笑）」

目白ジムでの佐山の印象を藤原はこう語る。

「すごく素直ですよ。たぶんあの頃は、まだ10代だったと思うんだけど。練習に対する姿勢はすごく真面目だからね。今は冗談ばかり言ってるけど、あの頃は冗談も言わずに黙々と練習していた印象がありますよ」

当時、藤原はキックボクシング界のトップで、佐山は新人レスラーでしかなかったが、藤原が直接指導することもあったという。

「彼はプロレスラーだから、試合でパンチは使えないでしょ？　だから蹴りを中心に練習していたので、ミドルキックとハイキックは教えましたよ。素人は脚を伸ばしたまま下から上に蹴ろうとするんだけど、それでは遠回りになるし、風圧もかかるから相手にダメージは与えられない。そうじゃなくて、膝を上げて腰をグッと回転させて直角的に蹴れば、相手を一発で倒すような強力な武器になるよ、とね。

彼は理論派なんですよ。だから、『こういう蹴り方をすると、なぜ相手により力が伝わるのか』っていうことを説明して教えると、ちゃんと理解して、すぐにできるようになる。体の動かし方ひとつでもそう。『軸足の回転を速くすれば、その分、モーションなしで腰が開いて蹴りやすくなるんだよ』っていう話をしたら、もう次の日にはできるようになっていたりしたからね。

おそらく彼のことだから、目白ジムで練習したあと、新日本の道場に帰ってからも反復練習していたんだと思うよ。だから基本に忠実できれいな蹴りをしてましたよ。あとは蹴りのスピードとタイミングがいい。普通はあのクラスの体重だとスピードがある蹴りは出せない。ヒンズースクワットで鍛えてるから、脚は太かったしね。それでも速い蹴りが出せたということは、佐山がそれだけ正しい蹴り方をしていたってことですよ」

目白ジムの練習では、藤原が佐山に蹴りを教えるだけでなく、レスリングや組技の練習をすることもあった。

「『俺がキックを教える代わりに、関節技を教えろ』って言ったの。もちろんキックボクシングに関節技はないけど、俺はもともと強くなりたかったからさ。それで拓殖大学のアマチュアレスリング部の練習に参加させてもらって、そこでレスリングを教わったこともあったし。タイ人は首相撲が強いから、こっちも組んだ時に負けないように、佐山と立った状態でのレスリングの練習をしたりね。

佐山は俺より体重があるから、格好の練習相手になったんですよ。だから二人でキックボクシングのスパーリングもしたしね。こっちは本職で、向こうはプロレスラーだけど、俺はライト級だから61キロ。佐山は90キロぐらいあったから、スパーリングするとこっちもいい練習になった。向こうは力任せでくるから、こっちはいかにそれを捌《さば》いて、相手を痛めつけるかっていう練習ができたからね。

途中からはお互い熱くなって、組技の練習してるのにこっちはヒジを入れたり、逆に佐山はキックのスパーリング中にタックル仕掛けたりして、異種格闘技戦みたいな感じだったよ」

佐山はキレたら怖い

この目白ジムでの藤原敏男らとの練習がきっかけとなり、佐山は若手時代、キックボクシングの試合を経験している。

77年11月14日、梶原一騎が主催した「格闘技大戦争」日本武道館大会。このイベントは、黒崎健時率いる目白ジムと全米プロ空手の対抗戦を軸として行われたが、重量級のキックボクサーがいなかったため、黒崎が猪木に「うちで練習している佐山くんを出場させてほしい」と要請し、猪木もこれを快諾。佐山は全米プロ空手ミドル級ランキング1位という触れ込みのマーク・コステロに大幅減量して挑んだが、コステロの打撃で何度もダウンを喫し、2分6ラウンドを闘い抜いて判定負けを喫した。

この大会で、藤原はメインイベントの特別試合に出場し、タイのワンナロン・ピラミッドに判定勝ち。藤原の目に佐山の試合はどう映ったのか。

「あれはハッキリ言って完敗だね。まあ、練習と試合はまた違うから。佐山にとっては目白ジムでキックボクシングをやって初めての試合だから、思うようにいかず苦しかっただろうけどね。正攻法の打撃でいっても難しいから何度も投げていたけど、あれで疲れてしまったんだろう。

初めての真剣勝負で、人間って顔面を打たれたら怖いもんですよ。俺だって最初はびっくりしましたから。本能的に『怖い』と思うし、体もびっくりする。その点、佐山は打たれても打たれても立ち上がったからたいしたもんだけど、本来の彼の力ならもっとできた。相手はランキング1位といったって、マーシャルアーツのランキングなんてあってないようなものだからね(笑)。

結局、佐山のキックの試合はあれだけで終わっちゃったけど、できれば2試合目、3試合目を観たかったたね。俺だってデビュー2戦目、3戦目でタイ人にボロボロにやられて、その悔しさで練習して勝てるようになったわけだからさ。佐山は天才で努力家だから、きっと回数を重ねれば、いい試合をしたんじゃないかと思うよ」

マーク・コステロ戦の半年後、佐山は海外武者修行に出発。3年間、メキシコ、イギリスを転戦し、81年4月23日、蔵前国技館で(初代)タイガーマスクとして新日本に帰って

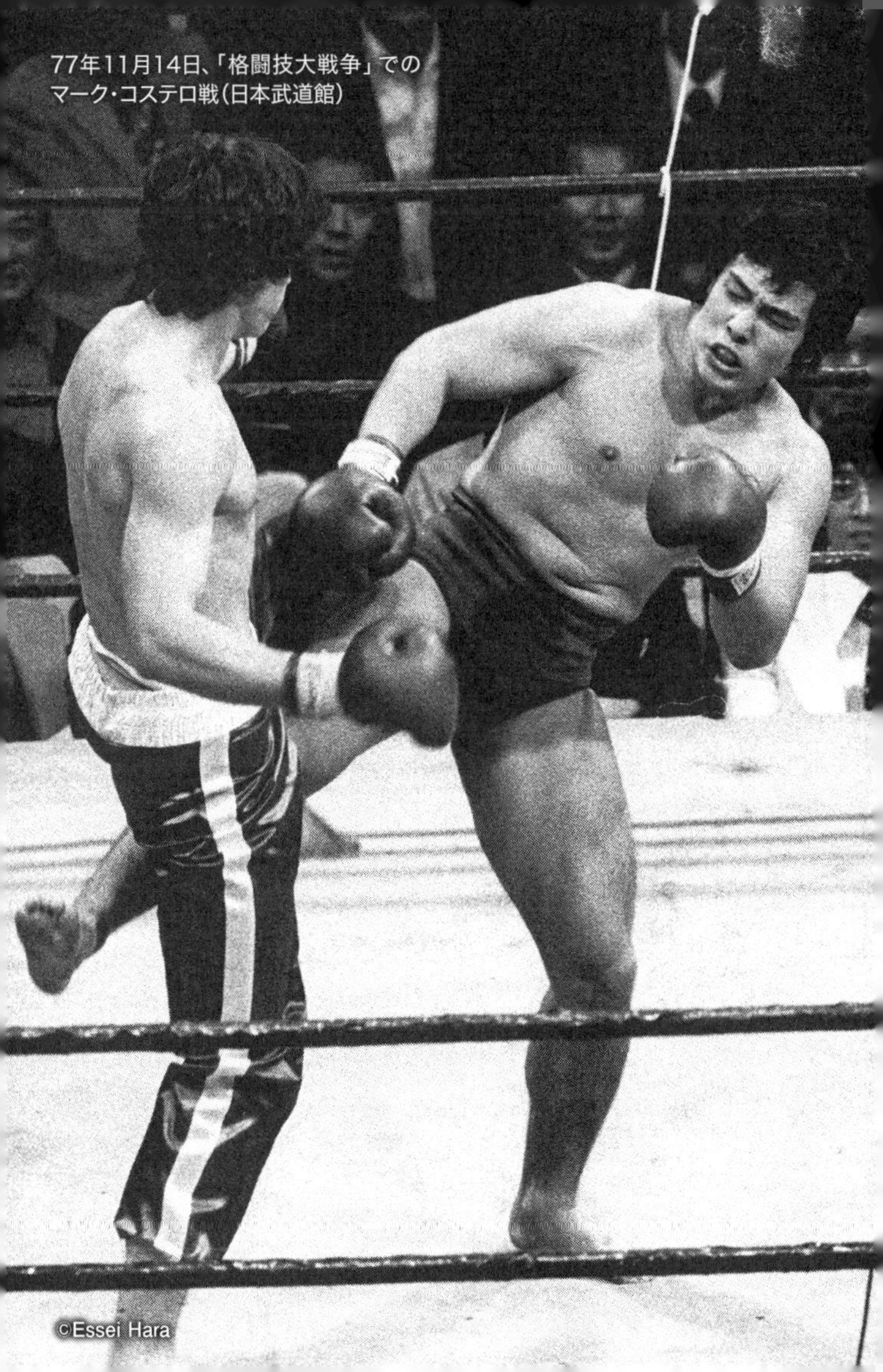

77年11月14日、「格闘技大戦争」での
マーク・コステロ戦（日本武道館）

きた。

タイガーマスクの正体が佐山だと聞かされた時、藤原は「やっぱりな」と思ったという。

「タイガーマスクはテレビで観たんだけど、体型も似てるし、蹴りも使っていたから、『やっぱり佐山か』と思ったね。プロレスラーで、あんなに基本に忠実で、スピードがあってきれいな蹴りができるのなんて、彼しかいないだろうから。

佐山の場合、ハイキックをやっても後ろ回し蹴りをやっても、蹴ったときのフォームがきれいなんですよ。他の連中がローキックとかミドルを蹴ってもきれいじゃないもんな。その違いはひと目でわかる。

また佐山の場合、目白ジムで身につけた蹴りと、プロレスの試合で使う蹴りをしっかり使い分けてるんだよ。相手にダメージを与える時はスネで蹴るんだけど、プロレスの試合では、当たった時に相手にダメージを与えないように足の甲で蹴っている。足の甲で蹴ると、バシーンって音はすごいから、観客は強烈な蹴りだと思うんだけど、佐山は蹴りの力を逃がしてるんだよね。その辺がうまいなあと思ったな。

で、相手が反則技や変なことをやってきた時は、プロレスの試合でもキックボクシングの蹴りでボーンとやるからね。あれは観ててわかるよ。『あっ、頭を蹴った。あれは本気でやってるな』って(笑)。誰との試合だったかな、相手の顔面をおもいっきり蹴っ飛ばしててさ。『あれ、キレてるな。完全におもいっきりやってるな』ってたことがあった。

佐山はキレたら怖いから。俺は街中でキレてるのを何回も見てるけど、あんなの警察官が

10人いても敵わないよ（笑）」

特別な頭を持った〝天才〟

佐山がタイガーマスクになってからも藤原との親交は続き、83年6月17日に後楽園ホールで行われた藤原敏男引退興行では、タイガーマスクが特別出場し、ブラック・キャットと対戦。引退に花を添えている。

そして藤原敏男引退興行から約2カ月後、今度はタイガーマスクが電撃的に引退（新日本プロレス離脱）してしまうのだ。

「佐山が新日本を突然辞めてしまったのは驚いたけど、前から格闘技をやりたがっていたのは知っていたからね。彼の場合は常に先を見てるんですよ。だからタイガーマスクをやっている頃から、もうシューティングっていうものを考えていたんだろうし。

そのシューティングも何年かやって、自分の思うものと違ったらもうぶん投げて、また新しいものを考えてね。ああいうところがすごいなって思うよ。決して守りに入らないで、より自分の理想をずっと求め続けているし、何をどうやったら強くなれるのかを、ずっと考えている。そんな求道精神があるんだよ。

格闘技をやっている人間は、そうやって自分の頭で考えることが必要なんですよ。同じ練習をずっと続けていたって、それ以上は強くなれない。だから俺なんかも若い頃、中国に修行に行こうと思ったことがあったから。中国って、いろいろな武術があって、達人もたくさんいるじゃないですか。俺がキックに取り入れたら役立つものがきっとあると思ってね。

佐山もそういうことを常に考えているんだと思うよ。だからシューティングをやっても、掣圏道（掣圏真陰流）をやっても、それが完成じゃない。彼の中では終わりはないんだよ。そういう頭を持った人間というのは、なかなかいない。だから佐山っていう人間は、技術とか運動神経だけじゃなく、特別な頭を持った〝天才〟なんだと思うよ」

最後に、プライベートの親友である人間・佐山聡へのメッセージをお願いした。

「とにかく、病気を克服して昔みたいに復活してもらいたいね。彼だって、もう還暦過ぎて無茶はできないだろうけど、プロレスファンはタイガーマスクがまたリング上で元気に闘ってくれるのをみんな待ってるわけだからさ。

そして個人的には、また一緒にゴルフに行きたいよ。前までは、年に5～6回は一緒にコースを回っていたからね。この前、佐山に電話したら『もう今年だけで20ラウンド回ってますよ』って言うから、『えっ⁉』と思ったんだけど、よく聞いたらテレビゲームの話だったよ（笑）。

そんなゲームでゴルフばっかりやってたら猫背になるし、体にも悪いから、早く一緒にグリーンに出られるようになればいいね。

今、佐山はドローンにもハマってるらしいから、『100キロの佐山聡が乗っても飛ぶドローンをつくって、それに乗ってゴルフ場まで来い』って言ってるんだけど（笑）。まあ、とにかく早く体調がよくなることを願ってますよ」

証言

佐山聖斗

父への〝誤解〟を解消していく手助けをしたいと思っています

取材・文●橋本宗洋

PROFILE

佐山聖斗

さやま・せいと●1990年、東京都生まれ。父は初代タイガーマスクの佐山聡。小学生時代からバスケットボールを始め、父譲りの運動神経で東海大4年時に日本一を経験。神奈川県大会の最優秀選手に選ばれる。広告代理店に勤めながら3人制プロバスケットボールチーム「江東フェニックス」に2020年まで所属。同年8月、佐山道場に入門し、格闘家デビューを目指す。佐山道場の代理人兼広報も務める。身長179センチ、体重98キロ。

プロレス格闘技関係者の誰もがその才能を認める佐山聡だが、家族にとってはどんな存在だったのだろうか。息子である佐山聖斗《せいと》は広告代理店勤務のサラリーマンであり、3人制バスケットボールのプロ選手だったが、2020年から「佐山道場」のスタッフに就任。自身も父の指導を受け総合格闘技の練習に励んでいる。

間接的な形で父の跡を継いだ思いとは。息子から見たマット界のレジェンド・佐山聡の存在とは？

〝最高〟で〝最強〟のパパ

聖斗は1990年に生まれた。当時、すでに父は新日本プロレス、第一次UWFでの活動を終え、自身が創始した修斗（シューティング）の指導と普及、プロモートに集中していた。

幼い頃の記憶にある父は優しく、よく遊んでくれた。凝り性でもあった。

「モデルガンが欲しいとなったらメチャクチャいいヤツを買ってくれるんですよ。で、それを自分でカスタムするんです。僕もそれが楽しくて。楽しいお父さんですよね」

子供との遊びでも、手を抜くということを知らないわけだ。家でゲームをしても、それは変わらない。

野球ゲームで父と対戦した時のこと。4時間半ほどぶっ続けでホームランを打たれまくったという。記憶ではスコアは172－3。もうやめると言ったら怒られた。最後までやり切れということだったのかもしれない。

「たしか、ゲームにはコールドの設定があったと思うんですけど、いま思えば父はコールド設定をオフにしてたんですね（苦笑）」

スポーツ、身体操作がとてつもなく巧みであることは、あとになって気づいた。

「98年だからフランスワールドカップの時ですかね。僕が日本代表のファンになってサッカーをやりたがったんです。父は『やろうやろう』とサッカーボールを買ってくれた。フランスワールドカップの公式球です。それで父とPK戦みたいな遊びをやったんですけど、やっぱり手を抜かないんですね（笑）。ものすごいシュートがきて、とてもじゃないけど止められなかった。

それから何年かして、僕が中学の頃に本田圭佑選手が注目されたんです。ボールがブレながらゴールに向かう無回転シュートというやつですね。それを見た時に、僕は『あれ、これ知ってるな……父さんが蹴ってたやつじゃないか！』と。止めにくいシュートの理屈を自分で考えたのか、それとも単にめちゃくちゃパワーがあったから無回転になったのか。どっちにしても驚きました」

修斗を離れた佐山は、99年に〝市街地型実戦格闘技〟掣圏道、のちの掣圏真陰流を創始する。初期の拠点は北海道。ロシアから未知の強豪が次々と登場し、これまでにないルール（スタンド、グラウンドとも打撃のみ）で闘う光景は斬新だった。この時も、家族への優しさは変わらなかった。

「僕も1カ月、夏休みをまるまる使って北海道に遊びに行きましたね。その時は北海道のうまいものを全部、食べさせてもらったんじゃないかなぁ。富良野のラベンダー畑だったり名所もたくさん見せてもらいましたね」

子供時代のことで、とくによく覚えているのは海に連れて行ってもらったことだ。父が聖斗を抱きかかえてのシュノーケリングが楽しかったという。

「でも、実は父は泳ぐのが苦手らしいんですよ。じゃああのシュノーケリングも、僕のために頑張って〝パパ〟をやってくれていたんだなって。僕の記憶にある父親は、そういう優しい人ですね」

ブチ切れながらの指導にあった、理論的な理由

その優しい父が何者なのか、聖斗が知ったのは小学校低学年の時だ。父はどんな人だったのかを尋ねると、母親が初代タイガーマスクのビデオを観せてくれた。

「素直にカッコいいなと思いました。誇らしかったです。とくにインパクトがあったのはブラックタイガーとの試合でした。やっぱり子供なのでキャラクター性が強い選手同士というか、〝ヒーロー対悪の闘い〟みたいな感覚ですよね。スペース・フライング・タイガードロップにローリングソバット、ドロップキック。飛び技、蹴りがカッコよかった」

翌日、さっそく学校で自慢した。ところが返ってきたのは「誰やねん!」という言葉だったそうだ。90年代の小学生に初代タイガーマスクの話をしても、さすがに通じなかった。

子供時代、父が仕事の話、つまりプロレスや格闘技についての話を聖斗にすることはまったくなかった。

「言っても理解できなかったでしょうしね。ただ家にいても『先生、先生』と言ってお弟子さんのような人たちが訪ねてくる。子供心に父さんはすごい人なんだな、偉い人なんだなという感覚はありました。小川直也さんが家に来て、車から降りたのを見て『でけー!』と思ったのは覚えてますね。掣圏道時代は桜木（裕司）さんがよく来られていた。もっと前に来られていたのは、今から思うと修斗の人たちだったんでしょうね。

僕も父がいた修斗の大宮ジムに行ったことがありますね。その当時、僕にとってお兄ちゃんのような存在だったのが4代目タイガーマスクです」

優しい父が〝キレる〟姿も見たことがある。北海道に遊びに行っていた時だ。

「テレビの取材か何かが入ってたんですけど、父がキレまくってるんです。そんな姿は初めて見たから怖くなっちゃって。母に『どうしたの?』って聞いたら『父さんに聞いてみなさい』と。それで直接聞いたら『ああ、あれはヤラセだよ』って言ってましたけど（笑）。

そこは演じるというか、使い分けができる人なんだなと今では思います。僕が思う父はプロレスラーであり格闘家であり研究家。それに加えて役者でもある。選手を褒める時もすごいですから。褒めるという行為を徹底的に演じているんじゃないかと思います。そうやってノせるんですよ。映画か何かに出た時は大根（役者）だと言われたそうなんですけど、それも裏話があって。実は制作側に対してメチャクチャ怒ってたらしいんですよね。それで〝棒読み〟で反抗したと（笑）。

僕が聞いた範囲では『佐山聡がキレた』と言われる場面って目撃者がいるんですよ。つまり理由があってキレる姿を〝見せている〟部分もあるのかなと思います。もちろん、怒りっぽいか怒りっぽくないかで言ったら怒りっぽい人ではあるんですけど（笑）。でも家で僕を叱るのは母の役目でしたね」

シューティングにおける伝説の「地獄の合宿」についても語ってくれた。

「僕が聞いたのは、あの合宿はまだ力の足りない選手、練習が足りていない選手のためのものだったと。だからあえて、そこまで厳しく、ブチ切れながら指導してたんだっていう話ですね。それに加えてレスリングの選手たちも一緒にいたから『プロはここまでやるんだ、甘くないんだ』と見せつける目的もあったようです。

父がキレやすいという話はよく聞きます。ただそれは〝ナメられないため〟ということだったんじゃないかなと僕は思ってますね。やっぱり時代的にもプロレスラーがナメられがちだったり、シューティング、総合格闘技だってほとんどの人が知らないわけですから。今と違って、業界には怖い人もたくさんいたと思いますし。そういうなかで新しいことをやっていくためには、キレることも必要だったのかなと」

父に対して〝恩返し〟をしたいという気持ち

聖斗には、父がいつも守ってくれていたというイメージがある。子供時代、家族でメディアに登場したことは一度もない。世間の目から母と自分を守ってくれていたのだと思っている。

「僕が〝佐山聡の息子〟として表に出たのはつい最近です。その前に一度だけ、リアルジャパンのリングに上げられたことはあったんですけど。相模大野での大会で、僕が通っていた大学が近かったので見に行ったんです。そしたら『ちょっと上がってきて』って。ただその時もう僕も成人してましたからね」

周りの大人たちから「お父さんはすごい人なんだよ」と言われることはあった。友だちの親からも、たまに父のことを聞かれた。それが嫌だったこともあるが、中学生になると父の存在がプレッシャーになることもなくなった。

「まったくの偶然なんですけど、僕がバスケットボールで進んだ中学・高校が有名人の子供が多いところだったんです。同級生の親はビッグネームばかりで、父親が佐山聡だ、タイガーマスクだったといっても『ああ、そうなんだ』くらいのもので（笑）。おかげで父のことを変に意識しないで済みましたね。

父からプロレス・格闘技の話を聞くことはなかったですし、ファイターの道に進んでほしいと言われたこともないです。そういう雰囲気すら感じたことはなかったですね。

小さい頃、サンドバッグを家に吊るして蹴りを教わったことがあるんです。でも教わったあとに僕が母さんを思いっきりローキックで蹴っちゃって。それっきり、家では格闘技禁止になりました（笑）」

自分が好きなことを好きにさせてくれる父だった。聖斗はバスケットボール選手として活躍し、広告代理店に就職。３人制バスケットボールのプロチーム運営にもかかわった。

聖斗の人生が大きく変わったのは、２０１９年の年末だった。父が病に倒れ、家に戻ってくることになったのだ。それまでは格闘技、武道の探求にのめり込み、家から離れていることが多かった。聖斗も、父とほとんど会話がない時期があったそうだ。その時はうまく距離感が摑《つか》めず、たまに話すと敬語になってしまったという。

翌20年、以前からの佐山の支援者である水谷崇が佐山道場を開設。父はそこで指導し、聖斗はＭＭＡの練習をしながらスタッフを務めることになった。

「誘われた時は正直、迷いました。でも尊敬している会社の先輩に相談したら『行けよ。会社は辞めちゃえばいいよ』と。『俺に相談してくるってことは、自分がどうしたいかわかってるんだろ』とも言われましたね。たしかにそうだったのかもしれないです。

父に対して恩返しをしたいという気持ちもありました。父は一度リングを離れましたが、それから何度もタイガーマスクとしてプロレスの試合をやってますよね。それは父にしてみたら、決して本意ではなかったと思うんです。最初にタイガーマスクになる時点で、乗り気ではなかった。じゃあその後もプロレスのリングに上がって、タイガーマスクとして試合をしたのはなぜかといったら生活のため、つまり僕たち家族を守るためですよね。

とくに最近は年齢のこともありますし、ケガも含め体のことが心配だというのもあります。でもそれ以上に感謝の気持ちだったり、申し訳ない気持ちも強いです。父はいつでも、体を張って僕たちを守ってくれた」

そうして家族を守りながら、自由にさせてくれた。格闘技の道に進むことも求めなかった。聖斗がバスケットボール選手になり、広告代理店に就職したのは父への反発ではなかった。ごく自然に、自分が好きなことをやっただけだった。

「父は格闘技の表も裏も全部知って、経験してるわけですから。身内にやらせようとは思わなかったんでしょうね」

父の気持ちの一端を知ったのは、田崎健太氏による『真説・佐山サトル タイガーマスクと呼ばれた男』（集英社インターナショナル）を読んだ時だった。そこにはこう書かれている。

〈いつもの取材よりも気楽な雰囲気の中、ぼく（引用者註：田崎氏）はこう言った。

「貴方は自分の理想のために多くの犠牲を払ってきました。多くの誤解を受けながら、言い訳をすることもない」

佐山は下を向いたまま、「ええ、そうかもしれませんね」と軽く相槌《あいづち》を打った。

「その生き方を一番分かってほしい人間は誰ですか？」

すると、ナイフとフォークを持つ手を止めた。

「ああ、それは息子ですね」

素っ気なく、しかし、それ以外の返事はないというきっぱりとした口調だった〉

インタビュー中、もう一つのエピソードを聖斗は明かしてくれた。「格闘技禁止」の佐山家だったが、その後に一度だけ、手ほどきを受けたことがあるという。

「僕は漫画の『はじめの一歩』が大好きで、父にジャブとストレートの打ち方を教わったことがあるんです。いやもう、たっぷり教えてくれましたね。ジャブだけで1時間半くらいは打ってたと思います（笑）。さすが父さんだなあと。今になってみると、息子が格闘技に関心を持ってくれたことが嬉《うれ》しかったんだろうなと思います」

父が誤解されるのは悔しいし、悲しい

今では、父と息子というだけでなく佐山道場の師匠と弟子という関係でもある。会話をすることも増えた。少年時代以来だ。大きく変わったのは、会話の内容が格闘技になったこと。聖斗はあらためて、父の偉大さを知ることになる。

「これは広告代理店で働いてきた経験も踏まえての僕の考えなんですけど、何かを異様に好きになれる人って成功すると思うんですよ。その分、考える時間も多くなりますし。父も根っから格闘技が好きで、格闘技のことしか考えない部分があった。突き詰める力は異様なんじゃないかと」

その一方、興味のないことに対してはとことん素っ気ない。損得では動かない。佐山が経済的な成功に無頓着なことはよく知られている。新しい格闘技を創始したり、格闘技の

技術について考えるのは好きだが、たとえば興行を成功させることについてはどうでもいいと考えているようなタイプだと言う関係者もいる。

「父はとにかく格闘技が大好きで、追求していきたい人間なんだと思います。好きでやってるだけだから、儲《もう》かるとか儲からないとかはどうでもいいんですよね。それで損をしたり、誤解されたりということもだいぶあったと思うんです。これからは、佐山道場のスタッフとして、父への誤解を解消していく手助けもしたい。それが父への恩返しにもなると思っています。

僕は広告代理店の仕事を一生やっていくんだろうなと思ってたんです。広告の仕事って何かと言ったら、人に伝える、アピールするということですよね。それって、父に最も足りなかったというか、父が興味を持たなかった部分だと思うんです。

だからその部分を、僕が補うこともできるのかなと。伝えるという作業をしなかったことで生まれた誤解も多いと思うので。父は誤解されても『その人がそう思いたいんだったらそれでいいよ』と考えるタイプだと思うんです。それでも父が誤解されるのは悔しいですし、悲しい。

最近だと、父が催眠術にハマっているという話になってますよね。たしかに父は催眠を研究しているし実践もしています。でもその〝催眠〟って、よくテレビのバラエティ番組でやってるようなものではないんですよ。父が使う催眠は、いわばメンタルトレーニングの一環。スポーツにおけるメンタルの重要性は世界的に知られています。たとえばＮＢＡ

では全チーム、MLBでも大多数のチームにメンタルトレーナーがいると聞いたことがあります。それと同じで、父は格闘技で強くなるため、勝つための方法論として精神面の可能性を追求している。だから〝催眠術にハマった〟というのとは、全然違うんですよね（苦笑）」

「打投極」から「打投極心」へ

佐山はかつて修斗、総合格闘技の闘いを「打投極」（打撃・投げ技・サブミッション）というコンセプトで解説した。MMAが競技として確立すると、それぞれの局面の間をつなぐ「際（きわ）」の重要性も語られるようになった。これは佐山の言葉でいえば「打投極の回転」だろう。

グレイシー柔術をいち早く評価し、その寝技を修斗に取り入れようともした。だがその後は打撃主体の掣圏道を創始。路上の実戦では寝技をやっている時間はないという考えに基づくものだ。

矛盾しているようだが、佐山は段階を踏んでMMAの技術全体の底上げを考えてきたのだろう。実際、今のMMAでは寝技にならず、スタンドの打撃で決着がつく試合が非常に多い。だからこそ、その状況を打破すべく寝技のイノベーションもある。

そしてあらゆる技術が進歩し、選手がレベルアップしていくと「何をやっても決着がつかない」という状況もあるだろうと佐山は考えているようだ。

「そこで父は精神面に着目したんです。これは僕の勝手な見解ですが、『打投極』から『打投極心』へ、ですね。技術やフィジカルのレベルが同じだったとしたら、優劣がつくのはメンタルの部分。試合で緊張してしまって本来の力が出せないとか、相手の攻撃に恐怖心を抱いてしまうということはよくありますよね。でもそれを消すことができれば、勝負の決め手になりうる」

もちろんこれまでも、精神面の重要性は語られてきた。「最後は気持ち」と、おそらく選手も指導者も全員が言うのではないか。ただ佐山は、その精神論を技術論として捉え直しているということだ。

21年5月16日、修斗の後楽園ホール大会に佐山道場の選手である平沼ヤマトが出場し、村山大介に判定勝利を収めている。佐山聡の弟子が修斗に参戦するということだけでもドラマチックな〝事件〟だったが、平沼の勝利の陰には佐山のメンタルトレーニングもあったという。

「(平沼は)試合の1週間前くらいはガチガチで、顔つきもちょっとおかしくなっていたくらいで。そこで父が彼を呼んで話を始めたんです。『世間的には笑われるようなことかもしれないけど、大事なことだから聞いてて』と。それ以来、彼はまったく緊張しなくなりました。試合後も『佐山先生の話を聞いたら緊張しなかったです』と言ってましたね。

柔道では実績があるし身体能力はバケモノと言っていいくらい。でも総合を始めてまだ4カ月ですから。それなのにアマチュア修斗で豊富な経験がある選手に勝ってしまう。や

拳圏道

っぱり自分たちがやっていることは間違ってないんだと思いました」

父が過去の話をしないのは、それが嫌なのではなく興味がないからではないだろうかと聖斗は考えている。佐山聡が考えているのは常に格闘技の未来、これからどうなるかなのだ。

「たとえば去年（20年）の暮れ、大晦日《おおみそか》の1週間くらい前の練習で、父に『これから大事な技術になってくるから』と言われてカーフキック（相手のふくらはぎを蹴るローキック）を練習していたんです。そしたら大晦日のRIZINでスダリオ剛選手と堀口恭司選手がカーフキックで勝った。そこからは格闘技界全体でカーフキックが大流行。なるほど、父さんはこうなることを予測していたのかと思いました。父と話していると未来予知の力があるんじゃないかという気もします」

ザ・ロックに「マイヒーローだ」と言われる父

そんな父の指導で、聖斗自身もMMAの練習に取り組んでいる。

「僕は選手だけでなくバスケチームの運営にもかかわっていたので、経営側と現場組の対立がスポーツにつきものだというのをよく知ってるんです。プロ野球くらい規模が大きくなれば別なんでしょうけど、ある程度の組織までは経営と現場の間をつなぐ人間が必要になってくる。まして選手というのは、究極のところ結果しか信じない、経験者しか信じないところがありますからね。そういう意味でも、格闘技の練習を僕がするのも大事だと思ってます。

といっても僕はバスケしかやってきていない。格闘技は初心者です。だから試合に出るかどうかはわからない。〝佐山聡の息子〟が総合格闘技の試合をしたら話題になるんでしょうけど、そのことで道場の看板に傷をつけてしまうようであれば試合はしないほうがいいと思ってますね」

佐山道場は一般会員を募集しない、クローズドな場所だ。選手同士のつながりから、腕に覚えのある者たちが練習にやってくる。その環境は、さながら「虎の穴」ではないか。

「本当ですよね。結果としてそういう状況になっているというのが面白い」

ただ疑問に思うこともある。佐山にとって、MMAは過去に通り過ぎたものではないのだろうか。最も興味があるのは新たな武道を創始することではないのか。だとしたら、どんな気持ちで道場の選手たちと向き合っているのか。

「おっしゃるとおり、父がいちばんやりたいことは武道だと思います。ただ総合格闘技の指導も楽しいと言ってますね。というのも、父はここまで指導に専念したというか、選手を強くすることを徹底したことはないそうなんです。

もちろんシューティングでも指導はしていたんですが『あの時の弟子たちには、いずれ優秀な指導者になってもらうことを見据えての指導をしていた』と。だから今やっていることは、父にとっても新鮮なのかもしれません」

佐山の指導を受けた初期シューターたちのなかには、指導者・ジム経営者として強豪を輩出した者も多い。シューティング時代の佐山は、弟子のそのまた弟子の世代まで考えて育成に取り組んでいたのだ。実際、シューティング（修斗）経験者によるジムがなければ、現在の日本のMMAは成り立たないだろう。

逆に言えば、佐山が〝強くする〟ことに本腰を入れた選手はこれから出てくるということ。それが楽しみだと聖斗も言う。

「佐山道場のスタッフとしてSNSの運用をしていると、父が世界的にも知られている存在なのだとあらためて実感します。道場のインスタグラムには、世界中からメッセージがくるんです。なかには『私を7人目のタイガーマスクとして認定してほしい』みたいなものもあって。写真見たらガリガリのおじさんなんですけど（笑）。

SNSといえばザ・ロックが父との写真を上げていたのも驚きましたね。ザ・ロックに『マイヒーローだ』って言われる父ってすごいなと。それを父に伝えたら『ロックって誰だ？』って言ってましたけど（笑）。『ドウェイン・ジョンソンだよ』って言ったら『映画に出てるドウェイン・ジョンソン？』って。そっちは知ってるんですね（笑）」

WWEとUFC、両方の殿堂入りを果たす可能性

プロレス・格闘技界の〝偉人〟である佐山だが、その一方で〝武勇伝〟にもこと欠かないという。

「いろいろ聞くんですけどメチャクチャ面白いんですよ。詳しくは話せないですが、『グ

ラップラー刃牙』の花山薫じゃないかっていうくらいの（笑）。今後はそういうところも、ファンの方たちのためにも書いて残しておきたいなって思います。それも僕の仕事なのかなと。

ただ本人に確認すると、わざとなのか〝外す〟時もあるんです。10円玉を指の力で曲げたっていう話があるんですけど。そのことを聞いたら『どうかなぁ、憶えてないな。ただ、あの頃は俺、マジックにハマってたんだよな』って言ってましたから（笑）」

褒められたり、自分を大きく見せることにとことん興味がない佐山。インタビュー中、「WWEとUFC、両方の殿堂入りを果たす可能性がある」という話になった。聖斗もそれを望んでいるのだが、「もしかしたら……」と付け加えた。

「父の場合、断っちゃう可能性があるんですよね。もう断ってる可能性すらありますよ（笑）。実は以前、パラオから島を贈呈されるという話もあったんです。パラオにガイガーカウンターを寄付してきた功績が認められて、『タイガーアイランド』を贈りたいと。ものすごい名誉じゃないですか。でも父は『飛行機嫌いだから』って断っちゃった。そういう人ですからねぇ（苦笑）。

ただ、無心に格闘技を追求してきたからこそ、父の今があるとも考えているんです。そんな父を自分がバックアップしていきたい。それが父への恩返しにもなれば、と頑張っていきたいですね」

息子の力を借りること。ここから佐山聡の新章が始まるのかもしれない。

96年3月16日、みちのくプロレスの大田区体育館
大会のリング上でダイナマイト・キッドと再会

初代タイガーマスク完全詳細年表

1957—2024

◉日付は現地時間
◆主催は特記なき場合は新日本プロレス
◇試合会場

1957年

11月27日　佐山聡、山口県下関市長府に生まれる。

1964年

4月　下関市立豊浦小学校入学。キックボクシングの沢村忠やアントニオ猪木に憧れ格闘技好きに。他に好きだったのは、ミル・マスカラス、ビル・ロビンソン、ドリー・ファンク・ジュニアら。山本小鉄や星野勘太郎の背丈を鑑み、自らもプロレスラーへの夢を抱き始める。

1970年

4月　下関市立長府中学校入学。柔道部に所属し、初段を取得。プロレスラー志望の一環だった。

1973年

4月　山口県立水産高等学校に入学。アマレス部に入部するための進学だった。1年時、県内の新人戦でいきなり優勝。上級生でも歯が立たない強さとなり、プロレスラーになるため、入学から10カ月足らずで中退。単身上京し、新日本プロレスに入門を直訴したが、体の小ささを理由に帰省させられる。広島電通大付属高校に再入学した。

1975年

7月 体を鍛え直し、広島電通大付属高校を中退し、新日本入門を果たす。

1976年

5月28日 魁勝司戦でデビュー。9分44秒、エビ固めで敗れる。◇後楽園ホール

1977年

10月25日 ヘビー級ボクサーのチャック・ウェップナーとの異種格闘技戦で、猪木が佐山考案のオープンフィンガーグローブを着用。佐山はこの年から猪木の付き人を務めていた。◇日本武道館

11月14日 格闘技志向を買われ、梶原一騎主催の格闘技イベント「格闘技大戦争」で、全米プロ空手ミドル級第1位のマーク・コステロと対戦。ボクシンググローブ着用ながら、バックドロップや反り投げ(ともに反則)を繰り出すも、6R判定負け。◇日本武道館 ◆東京スポーツ新聞社

1978年

5月 メキシコのEMLLに武者修行に旅立つ。現地でのリングネームは「サトル・サヤマ」。

1979年

9月9日　リンゴ・メンドーサを下し、NWA世界ミドル級選手権奪取。佐山にとって初戴冠。翌年3月28日にエル・サタニコに敗れるまで、10度の防衛を果たした。◇アリナ・コリセオ・デ・グアダラハラ　◆EMLL

1980年

10月8日　イギリスに転戦し、初戦のサイアナイド・シュッド・クーパーに勝利。ルチャ・リブレとマーシャル・アーツの動きを取り入れ、ブルース・リーのいとこという設定の「サミー・リー」として人気を博す。◇ジョイント・プロモーション他

1981年

4月20日　テレビ朝日系列にて、アニメ『タイガーマスク二世』が放送開始（毎週月曜19時〜19時半。翌82年1月まで全33話放送）。猪木、藤波辰爾、坂口征二らも登場。

4月21日　タイガーマスクとして1試合だけ行う約束でイギリスから帰国。緊急のため、佐山は出国に必要なイギリスでの税金を払い終えていなかったが、新間寿が福田赳夫首相（当時）にかけあい、無事帰国できた。

4月23日　タイガーマスク、デビュー。ダイナマイト・キッドを9分29秒、ジャーマンスープレックスで破る。試合終了後、間をおかずイギリスに帰国。入場テーマはブレイン・ウォッシュ・バンドの「バーニング・タイガー」。デビュー戦の急造マスクは新日本の女子社員が手縫いで仕上げたものだった。◇蔵前国技館

5月1日　『ワールドプロレスリング』で8日前のタイガーマスクのデビュー戦が放送され、一大ブームの幕開けとなる。視聴率は18・3%と前々週の4月17日より5%上がった（4月24日は放送なし）。

5月7日　「第4回MSGシリーズ」の前夜祭に急きょ登場。漫画『タイガーマスク』の原作者、梶原一騎と同席し、「自分は日本人である」と公表。エキシビションマッチも行われ、斎藤弘幸（のちのヒロ斎藤）を初公開のタイガー・スープレックス・ホールドで下した。マスクは2代目となる厚く毛の生えた通称「ぬいぐるみマスク」バージョンだった。のちに佐山は「暑くてしょうがなかった」と語っている。◇京王プラザホテル・コンコードボールルーム

5月8日　テレビ生放送となったデビュー2戦目。ブラックキャットをコブラツイストで下す。入場曲は同名アニメの主題歌でもある「タイガーマスク二世」（歌：水木一郎&コロムビアゆりかご会）で、翌82年夏まで使われた。この日、アブドーラ・ザ・ブッチャーが新日本に初登場。全日本プロレスとの外国人引き抜き抗争もあり、プロレス人気は加速していった。

5月12日　デビュー5戦目のクリス・アダムス戦で、デビュー戦のマスクの目の部分を大きく開けた改良版を着用。「ぬいぐるみマスク」バージョンが実戦に不向きだったための処置だった。試合は7分42秒、エビ固めでタイガーの勝利。◇宮城・名取市民体育館

5月17日　日本で6試合を闘ったのち、この日、メキシコに登場。帰国までに5試合を闘う。現地での呼称は「ティグレ・エン・マスカラド」。◇エル・トレオ・デ・クアトロ・カミノス　◆UWA

6月3日　メキシコから帰国し、リング上から挨拶。日本への長期滞在を宣言。観客も大歓声で応えた。◇愛知県体育館

6月4日　蔵前国技館大会で帰国第1戦。日本での初タッグマッチで快勝。藤波&○タイガー（14分13秒・体固め）クリス・アダムス●&マイク・マスターズ。この日から新マスクを着用。アニメ版『タイガーマスク二世』の特徴である牙をフィーチャーしたもので、通称「牙付きマスク」。◇蔵前国技館

6月24日　ビジャノ3号と一騎打ち。15分55秒、リングアウト勝ち。◇蔵前国技館

7月31日　エル・スコルピオと一騎打ち。8分32秒、両者リングアウトで、初のシングル戦引き分け。◇大阪府立臨海スポーツセンター

8月6日　エル・スコルピオと一騎打ち。タイガースープレックスを公式戦で初公開しフォール勝ち。◇蔵前国技館

8月12〜14日　蓼科高原で藤波と合宿。合同特訓を行った。

9月23日　エル・ソラールと一騎打ち。タイガーが腕を巻き投げした際、ソラールの左肩が脱臼するアクシデントが起こり、盛り上がらぬまま、8分51秒、腕固めで勝利。この日から入場曲が「おまえは虎になれ」(歌：村松とおる)に変更。年末まで使われ、翌82年頭からは「タイガーマスク二世」に戻った。◇田園コロシアム

10月8日　マスクド・ハリケーンと覆面剝ぎマッチ(マスカラ・コントラ・マスカラ)。正体のボビー・リーは佐山がタイガーの動きのモデルにしたほどの天才レスラーだったが、この数週間前、脊髄を損傷しており、7分9秒で風車式バックブリーカーでフォール負け。ボビー・リーの実質的な引退試合となっている。◇蔵前国技館

11月5日　グラン浜田と一騎打ち。初の大物日本人対決は、17分1秒、リングアウト勝ち。◇蔵前国技館

11日10日　星野勘太郎の結婚披露宴にスーツに蝶ネクタイ、マスク姿で出席。◇東京・京王プラザホテル

12月8日　ヘビー級のエル・カネックと一騎打ち。11分36秒、両者リングアウト。タイガーは左足首を骨折し、全治3週間。この時、治療を受けた新日本御用達の菅谷整骨院の娘が、のちのタイガーの妻となる人物。◇蔵前国技館

12月18日　東京スポーツ制定「プロレス大賞」の選考会が行われ、「大衆賞」を受賞。

1982年

1月1日 ダイナマイト・キッドとWWFジュニアヘビー級王座決定戦。8分31秒、エビ固めで勝利。第6代王者として、日本初戴冠。また、この日から4代目となる新マスク着用。口が大きく開いた、通称『伝説』バージョン。夏場にはメッシュ生地の同タイプを用い、初代タイガーのマスクの代表作となった。◇後楽園ホール

1月28日 『週刊少年マガジン』の「タイガーマスクへの挑戦者募集」の企画で集まった腕自慢の素人たちとの対戦が実現。予選として、藤原喜明、前田日明、高田伸彦(現・髙田延彦)らが挑戦者の相手をしたが、全員を潰し、タイガーへの挑戦者はなしとなった。◇東京体育館

1月28日 ダイナマイト・キッドとWWFジュニア王座防衛戦。12分38秒、ジャーマンスープレックスで初防衛。◇東京体育館

2月5日 ブレット・ハートとWWFジュニアヘビー級王座防衛戦。17分34秒、ダブルアームスープレックスからの体固めで2度目の防衛。フィニッシュ直前で放った強烈なミサイルキックは語り草となっている。◇札幌中島体育センター

2月9日 ベビー・フェイスとWWEジュニアヘビー級王座防衛戦。12分44秒、ジャーマンスープレックスで3度目の防衛。◇大阪府立体育会館

3月4日 スティーブ・ライトとWWFジュニアヘビー級王座防衛戦。11分48秒、リングアウト勝ちで4度目の防衛。◇後楽園ホール

3月12日 ブラックマンとシングル初対決。12分27秒、ジャーマンスープレックスで勝利。佐山は「メキシカンでいいと思った選手はブラックマン」と認めており、このシリーズ中、計4度のシングルが組まれた。◇後楽園ホール

3月14日　キックボクシングの大極ジムの試合に出場（大極ジム創立3周年記念チャリティー大会）。4本ロープのリングに戸惑ったが、キックを中心とした攻撃でブラック・キャットから勝利。◇後楽園ホール◆大極ジム

3月16日　愛知県豊橋市内にある保育園の卒業式に、坂口征二とともに参加。子供たちを喜ばせた。

4月1日　スティーブ・ライトとWWFジュニアヘビー級王座防衛戦。17分50秒、ブロックバスターからの体固めで5度目の防衛。◇蔵前国技館

4月8～10日　新日本がアラブ首長国連邦で遠征興行を行う。3日間、同一会場で行われ、タイガーは初日と3日目にブレット・ハート、2日目にダイナマイト・キッドからシングルで勝利。◇ドバイ、アサナサ・スポーツセンター

4月21日　〝暗闇の虎〟ブラック・タイガーと、WWFジュニアヘビー級王座防衛戦で初対決。大苦戦し、14分17秒、両者リングアウトで初のドロー防衛。◇蔵前国技館

4月25日　タイガー＆グラン浜田vsブラック・タイガー＆ホセ・ゴンザレス戦でタイガーがゴンザレスに勝利も、ゴンザレスにボディープレスを放った際、右ヒザ靱帯を痛める。ドクターストップがかかるも同月30日まで4試合に出場。◇山形・川西町民総合体育館

5月2日　右ヒザ靱帯損傷で2週間の安静となり、松葉杖姿でリング上から欠場とWWFジュニアヘビー級王座の返上を発表。◇後楽園ホール

5月20日　20日ぶりにリング復帰。ホセ・ゴンザレスからシングルで勝利（6分31秒・体固め）。◇高知・中村市スポーツセンター

5月25日　レス・ソントンの保持するNWA世界ジュニアヘビー級王座に挑戦。13分59秒、ツームストンパイルドライバーからの体固めで勝利し、第34代王者に。ヒロ・マツダに続く18年ぶりの日本人王者であり、初のマスクマン王者となった。◇静岡産業館

5月26日 返上したWWFジュニア王座をグラン浜田との決定戦でブラック・タイガーが奪取(5月6日)。この日、タイガーがブラック・タイガーに挑戦。14分15秒、初公開のラウンディングボディープレス(ムーンサルトプレス)で勝利し第8代同王者に。NWAジュニアヘビー級王座と合わせ2冠に。◇大阪府立体育会館

5月30日 士道館の1周年記念興行に出場。寺西勇を6分17秒、ラウンディングボディープレスで下す。◇後楽園ホール ◆士道館

6月15〜16日 土肥温泉でブラックキャット、高田伸彦(現・高田延彦)、仲野信市とミニキャンプ。

6月18日 ウルトラマンとWWFジュニアヘビー級王座防衛戦。9分48秒、ジャーマンスープレックスで初防衛。伝説の技、スペースフライングタイガードロップを初公開した。◇蔵前国技館

7月6日 ウルトラマンとWWFジュニアヘビー級王座防衛戦。12分12秒、ジャーマンスープレックスで2度目の防衛。◇大阪府立体育会館

7月23日 シングルでは初のメインイベントでダイナマイト・キッドと対戦。場外フェンス越しにキッドを投げ、13分54秒、反則負け。初代タイガーマスクとして唯一のシングル敗戦となった。◇石川・金沢市産業展示館3号館

7月30日 ブレット・ハートとWWFジュニアヘビー級王座防衛戦。17分3秒、ジャーマンスープレックスで3度目の防衛。◇愛知県体育館

8月5日 ダイナマイト・キッドとWWFジュニアヘビー級王座防衛戦。15分58秒、ラウンディングボディープレスからの体固めで4度目の防衛。◇蔵前国技館

8月26日 この日発売の『スポーツニッポン』にタイガーの婚約記事が掲載。翌日の後楽園ホール大会でタイガーが「友人です」と否定。

8月27日 この日開幕の「ブラディ・ファイト・シリーズ」から入場テーマ曲が、古舘伊知郎の歌う「燃えろ!

吠えろ！タイガーマスク」に。翌83年8月の引退まで使われた。◇後楽園ホール

8月29日　ブラック・タイガーとWWFジュニアヘビー級王座防衛戦。18分3秒、リングアウト勝ちで5度目の防衛。◇田園コロシアム

8月30日　WWF（現・WWE）のマディソン・スクエア・ガーデン（MSG）で、ダイナマイト・キッドとWWFジュニアヘビー級王座防衛戦。9分36秒、ラウンディングボディプレスからの体固めで6度目の防衛。◇マディソン・スクエア・ガーデン　◆WWF

9月3日　ビジャノ3号とWWFジュニアヘビー級王座防衛戦。7分2秒、ジャーマンスープレックスで7度目の防衛。◇福岡スポーツセンター

9月21日　ブラック・タイガーとWWFジュニアヘビー級王座防衛戦。19分8秒、エビ固めで8度目の防衛。◇大阪府立体育会館

10月22日　レス・ソントン戦の開始直前、メキシコから帰国したばかりの小林邦昭が乱入し、タイガーに宣戦布告。2週間前に長州力が「噛ませ犬事件」で藤波に反旗を翻し、それ以降の両者初シングルがこの日に行われた（無効試合）。小林の乱入は、タイガーにも日本人抗争が勃発かと大いにファンを期待させた。この10月シリーズから、マスクが通称「ヤギリ」バージョンとなる5代目に変更。マスクの鼻の下の部分をなくし、より呼吸しやすくしたのが特徴。◇広島県立体育館

10月26日　小林邦昭とWWFジュニアヘビー級王座防衛戦。小林がタイガーをコーナーに宙吊りにしたあと、初のマスク剝ぎの暴挙に。16分57秒、反則勝ちで9度目の防衛。◇大阪府立体育会館

11月4日　小林邦昭とWWF＆NWAジュニアヘビー級王座防衛戦。タイガーの奇襲のドロップキック、初披露のムーンサルトキックなど、白熱の攻防となったが、最後は小林のマスク剝ぎにより、13分40秒、反則勝ちで防衛（WWFは10度目、NWAは初防衛）。この試合で裂かれたマスクは、2017年、関係者を通じて専門店に出品。450万円以上の値がついたが即日売れた。◇蔵前

国技館

11月10日〜12月14日 タイガーマスクとして初の長期海外遠征。8月の海外遠征でタイガーの存在は伝説化しており、メキシコ、ニューヨークを2往復するハードスケジュールとなった。遠征中、カルロス・ホセ・エストラーダ、エディ・ギルバート、ビジャノ3号、ペロ・アグアヨを相手にWWFジュニアヘビー級王座を防衛し、防衛記録を14度まで伸ばした。◆WWF、UWA

12月19日 「プロレス大賞」選考会が行われ、最優秀選手（MVP）と技能賞に選出。74年より続く同賞の歴史で、アントニオ猪木、ジャイアント馬場以外がMVPを獲るのは当時、初めてのことだった。

1983年

1月4日 「プロレス大賞」受賞式で、当時、全日本ジュニアのトップだった大仁田厚がタイガーに挑戦を申し入れ。タイガーも「いつでも来い」と応じた。◇東京プリンスホテル

1月6日 小林邦昭とNWAジュニアヘビー級王座防衛戦。場外でバックドロップを炸裂させ、23分10秒、リングアウト勝ち。2度目の防衛。◇後楽園ホール

2月3日 グラン浜田とNWAジュニアヘビー級王座防衛戦。17分20秒、回転エビ固めで3度目の防衛。◇札幌中島体育センター

2月7日 ブラック・タイガーとWWFジュニアヘビー級王座防衛戦。15分18秒、ジャーマンスープレックスで15度目の防衛。これが両者の最後のシングルに。◇蔵前国技館

2月8日 小林邦昭とWWFジュニアヘビー級王座防衛戦。延髄へのニールキックを見舞うなど白熱した攻防になったが、最後は16分50秒、ジャックナイフ式エビ固めでタイガーが勝利。16度目の防衛。◇大阪府立体育会館

3月10日 ミレ・ツルノとNWAジュニアヘビー級王座防衛戦。12分19秒、ジャーマンスープレックスで4

度目の防衛。◇栃木県体育館

3月28日　声優に初挑戦。プロレスがモチーフのシルベスター・スタローン主演映画『パラダイス・アレイ』のレスラー役。5月8日にテレビ朝日『日曜洋画劇場』で放送。同作のDVDにもこの時の吹き替え版が収録されている。◇東京・六本木・アートセンター

4月1日　タイガー&星野勘太郎vsダイナマイト・キッド&ボビー・ガエタノ戦で、キッドのツームストンパイルドライバーを食らい首を負傷。翌日の新潟大会に出場し、さらに悪化させた。◇後楽園ホール

4月3日　2日前の首の負傷により、欠場することをリング上から発表。保持していた2冠を返上。頸椎挫傷で全治10日と診断された。◇蔵前国技館

4月11日　8日ぶりに復帰。○タイガー&星野vsガエタノ●&カズウェル・マーチン　◇群馬・桐生市民体育館

4月21日　返上したNWAジュニアヘビー級王座の決定戦をダイナマイト・キッドと闘い、11分12秒、両者フェンスアウト。延長戦でも、6分52秒、両者リングアウト。キッドとの最後のシングルに。◇蔵前国技館

5月7日　7月に発売になるLPレコード『ザ・タイガーマスク』に収録される本人歌唱曲「バーニング・タイガー」を収録。入場テーマ曲に推す記者たちの提案に「恥ずかしいから」と拒否。同曲はシングルカットされ、第一次UWFの「無限大記念日」大会で入場テーマとして使用された。

5月25日　『タイガーマスク』の原作者、梶原一騎が編集者への暴力事件で逮捕。新日本で会見が行われ、新間寿がタイガーのリングネームを替える可能性について言及した。◇新日本プロレス事務所

5月30日　新日本事務所で会見。次期「サマーファイト・シリーズ」のサブタイトルを、「さよならタイガーマスク」とし、8月4日、蔵前国技館におけるシリーズ最終戦で、タイガーを新たなマスクマン

に変身させるという青写真を明らかにした。◇新日本プロレス事務所

6月2日 小林邦昭と、返上したNWAジュニアヘビー級王座の決定戦に挑み、18分6秒、エビ固めで同王座に返り咲き。◇蔵前国技館

6月6日 新日本事務所で会見。タイガーのマスク、コスチュームなどは変更し、改名は一時保留と発表。関係者、ファンへの影響を考慮した措置だった。◇新日本プロレス事務所

6月12日 メキシコにワンマッチ遠征し、返上したWWFジュニアヘビー級王座の決定戦をフィッシュマンと行う。3本勝負を2-1で勝利し、再びNWA&WWFのジュニア2冠に。コスチュームが赤いパンタロンスタイルに、マスクも6代目に変更。額のマークが丸印から「Ⅲ」となった通称「Ⅲマーク」バージョン。アニメ『タイガーマスク二世』の印象を薄め、新たな三世として発進していく意気込みだとされた。◇エル・トレオ・デ・クアトロ・カミノス ◆UWA

6月17日 この日、帰国し、そのまま「藤原敏男引退記念興行」に出場。ブラック・キャットをツームストンパイルドライバーで下した。◇後楽園ホール

6月22〜25日 土肥温泉で新日本の選手たちと強化合宿。

7月7日 寺西勇とNWAジュニアヘビー級王座防衛戦。16分59秒、回転エビ固めで初防衛。試合後、小林邦昭が乱入。マスクを剝ぎ取るも、客席にいた当時16歳のY少年が、自ら持っていた赤と金のツートンカラーのマスクを投げ入れ、タイガーはそれをかぶり、ことなきを得た。試合後、控室に戻ったタイガーは、マスクに日付とサインと「ありがとう」の文字を記し、Y少年に返却した。◇大阪府立体育会館

7月14日 小林邦昭とWWFジュニアヘビー級王座防衛戦。寺西勇の乱入もあり、16分52秒、反則勝ちで、初防衛。◇札幌中島体育センター

8月4日 この日の試合前、本人立ち会いのもと、リング上から以下の発表がされた。「次期ブラディ フ

ァイト・シリーズは全戦出場」「その後、長期の海外遠征に出発」「年末か、来年頭に新日本に戻って来た際は、新リングネーム、および、新コスチュームでの登場になる」「新リングネームはすでに決定しているが、次期ブラディ・ファイト・シリーズの最終戦（9月21日、大阪府立体育会館）で発表」。リング上でタイガーが、新リングネームが書かれた紙が入っている封筒を渡され、客からは開封をせがむ声も。試合は寺西勇とNWAジュニアヘビー級王座防衛戦。14分37秒、タイガースープレックスで2度目の防衛。これが初代タイガーマスクとして、新日本での最後の試合となった。◇蔵前国技館

8月10日 タイガーマスクが新日本に対して内容証明付き文書で契約解除を申し入れ。事実上の引退に。

8月12日 タイガーマスクがベルトとマスクを山本小鉄に返還。◇二子玉川・富士観会館

9月21日 この日発売の東京スポーツにタイガーマスクの素顔として、佐山聡の顔写真が公開。

9月22日 六本木のレストランで猪木とタイガーマスクが極秘会談。離脱に至る経緯を佐山自身の口から猪木に説明したとされる。

1984年

1月18日 テレビ朝日『欽ちゃんのどこまでやるの！』にタイガーマスクが出演し、素顔と新たなザ・タイガーのマスクを披露。

2月11日 佐山聡が主宰する「タイガージム」がオープン。元新日本の山崎一夫がインストラクターとして合流。のちに第一次UWFに加入する宮戸成夫（現・優光）もインストラクターとして参加。

6月28日 佐山聡が会見を開き、第一次UWFの7月23、24日、「無限大記念日」への参戦を表明。山崎一夫も参戦。◇ホテルグランドパレス

7月23日 第一次UWF「無限大記念日」で「ザ・タイガー」として、354日ぶりにリング復帰。○藤原喜

明&前田日明（16分24秒・ジャーマンスープレックス）ザ・タイガー&高田伸彦（現・髙田延彦）● ◇後楽園ホール ◆第一次UWF

7月24日 「無限大記念日」2日目はマッハ隼人とのシングルマッチに勝利。ザ・タイガーとしては、この2日のみの登場。○ザ・タイガー（9分17秒・ジャーマンスープレックス）マッハ隼人● ◇後楽園ホール ◆第一次UWF

8月6日 山崎一夫、マット隼人とともに、正式にUWF入団を表明。以降、リングネームは「スーパータイガー」に。 ◇西新宿・ホテルセンチュリーハイアット

9月7日 「実力No．1決定戦」第1ラウンドで藤原喜明を破る。○タイガー（19分7秒・チキンウィングフェイスロック）藤原● ◇後楽園ホール ◆第一次UWF

9月11日 「実力No．1決定戦」で前田日明を破る。○タイガー（18分55秒・チキンウィングフェイスロック）前田● ◇後楽園ホール ◆第一次UWF

10月19日 第一次UWF社長、浦田昇がタイガーのマネージャーとされたショウジ・コンチャ（曽川庄司）に対する強要罪で逮捕される。ショウジ・コンチャはタイガーのUWF入りに反対しており、「法的措置をとる」と表明していた。

12月26日 ファン感謝デーの「無限大記念日Ⅱ」で、「ノーマスク・スパーリング」として素顔でスパーリングを披露。イギリスでのサミー・リー時代以来、約3年9カ月ぶりの素顔でのリング登場だった。 ◇後楽園ホール ◆第一次UWF

1985年

2月18日 この日から素顔でファイト。リングネームはスーパータイガーのまま。○タイガー（16分8秒・チキンウィングフェイスロック）マッハ隼人● ◇後楽園ホール ◆第一次UWF

6月19日　タイガーが、「プロレスは眼中にない」と、シューティング路線の確立を提唱。他選手との間の溝が深まっていく。

9月2日　「第2回UWF公式リーグ」公式戦の前田戦で、前田にシュートマッチを仕掛けられ、18分57秒、反則勝ち。◇大阪府立臨海スポーツセンター　◆第一次UWF

9月11日　「第2回UWF公式リーグ」公式戦で藤原に敗退(19分31秒・脇固め)。以降、UWFは興行を打てず、佐山はプロレスのリングを離れることに。◇後楽園ホール　◆第一次UWF

10月1日　ナユタ出版会より『ケーフェイ』発売。ターザン山本がゴーストライターとされるが、その発覚は後年のこと。初版は8000部で80%の返品とされるが、翌86年の佐山のプロレス界離別により徐々に売り上げを伸ばした。

10月11日　この日発売の東京スポーツ紙上で、UWF脱退を宣言。プロレス界と離別。

1986年

6月30日　シューティング(現・修斗)のプロ化第1弾興行「第1回プリ・シューティング大会」を開催。以降、修斗の普及に全力を捧ぐ。◇後楽園ホール　◆シューティング

1987年

3月　理事長として「修斗協会」を発足。

1988年

4月2日　梶原一騎追悼興行「格闘技の祭典」で修斗のデモンストレーションを披露。また、リング上で2代目タイガー(三沢光晴)との握手も実現。◇両国国技館　◆WKA世界空手道連盟

1993年

4月21日　新日本の5月3日、福岡ドーム大会で正式デビューする3代目タイガーマスク（金本浩二）が、佐山に打撃を学ぶためスーパータイガージムへ。佐山も「もっと腰の回転を利用してキックを放つんだ」と熱い指導を行った。新日本との雪解けとされた。◇神奈川・横浜市・スーパータイガージム

1994年

3月9日　記者会見を開き、猪木との対戦を宣言し、タイガーマスクとして復活する意思のあることを明かす。「シューティングはシューティング、プロレスはプロレスと分けてきたことで、プロレスを批判しているように取られているが、私は何も思っていない。マスクを着けてくれと言われれば、着けてもいい。すべてはファン次第だと思う」（佐山）。5月1日の新日本・福岡ドーム大会への参戦も取りざたされたが、「あくまでデモンストレーション」の意向を示した。◇東京・後楽園飯店

3月16日　猪木&安田忠夫vs蝶野正洋&木戸修の試合後、猪木の呼びかけに応じる形でリングに上がり握手。「11年の空白がありましたが、私と猪木さんはつながっています。私の体が動くうちに恩返しをしたい」と発言。◇東京体育館

5月1日　佐山聡として新日本の福岡ドーム大会に登場。獣神サンダー・ライガーと10分のエキシビションマッチ。◇福岡ドーム

1995年

9月26日　初代タイガーマスクとして、小林邦昭とエキシビションマッチ。左ハイキックが飛び込んでき

た小林の顔面を直撃し、小林は失神KOとなった。登場はマスク姿だったが、試合途中から素顔に。◇駒沢オリンピック公園体育館　◆シューティング

12月30日　「突然卍固め−INOKI　FESTIVAL−」で小林邦昭と3分5Rで対戦し、フルラウンド引き分け。サマーソルトキックなど往年の動きを見せた。リングネームは「初代タイガーマスク」。◇大阪城ホール

1996年

6月30日　16団体が集まった「メモリアル力道山」で、4代目タイガーマスク（リングネームは「タイガーマスク」）と初代タイガーマスクとして対戦。12分19秒、両者リングアウトののち、3分の延長戦も時間切れ引き分け。全盛期と比べても遜色ない動きに、この日、一番の歓声を浴びた。◇横浜アリーナ　◆力道山OB会

8月17日　グラン浜田と13年ぶりに対決。15分時間切れ引き分け。◇神宮球場　◆UWFインターナショナル

8月25日　安生洋二とのチームでTWA世界タッグ挑戦者決定戦を勝ち抜き、王者挑戦権を獲得。選手権でも勝利し第3代王者に。初めてのタッグベルト戴冠となった。挑戦者決定戦は、○安生&タイガー（9分6秒・グランドクロス2000）石川敬士&高山善廣●。タッグ王者選手権は、○安生&タイガー（17分23秒・脇固め）アブドーラ・ザ・ブッチャー&大黒坊弁慶●。◇パシフィコ横浜　◆東京プロレス

9月11日　公募された対戦相手にザ・コブラが名乗りを上げて実現。12分54秒、リングアウト勝ち。◇神宮球場　◆UWFインターナショナル

10月10日　「みちのくプロレス」両国国技館大会で、初代タイガー&ミル・マスカラス&ザ・グレート・サス

ケvsダイナマイト・キッド&小林邦昭&ドス・カラスというドリームカードが実現。15分30秒、ドス・カラスがサスケをライガーボムで下した。◇両国国技館 ◆みちのくプロレス

1997年

4月10日 2年前の復帰以降、初代タイガーマスクとして活動してきたが、著作権と4代目タイガーマスクへの影響を考慮し、「タイガーキング」への改名を発表。

4月12日 猪木の引退カウントダウン第7戦で一騎打ち。6分46秒、コブラツイストに敗れる。第一次UWFの最終戦で藤原喜明に負けて以来のシングル黒星となった。◇東京ドーム

5月3日 猪木と組み、藤原、ライガー組を撃破。○猪木&タイガーキング(10分42秒・裸絞め)藤原●&ライガー。◇大阪ドーム

7月6日 猪木と組み、佐々木健介、藤田和之組を撃破。猪木の引退試合前、最後の試合で最後のパートナーになった。○猪木&タイガー(9分34秒・体固め)健介&藤田● ◇北海道・真駒内アイスアリーナ

8月31日 小林邦昭と81年5月17日以来のタッグを結成。山崎一夫、ケンドー・カシンに勝利。○タイガーキング&小林(8分52秒・タイガースープレックス)山崎&カシン● ◇横浜アリーナ

10月12日 梶原一騎没後10周年追悼記念興行「97格闘技の祭典SPECIAL」で、4代目タイガーマスクと組み、2代目、3代目のタイガーマスク組と対戦。12分8秒、腕ひしぎ逆十字固めで2代目(金丸義信)を下した。同日、藤原喜明とも一騎打ちを行い、10分36秒、ノーコンテスト。1分の延長も時間切れ引き分け。◇両国国技館 ◆WKA世界空手道連盟

1998年

10月24日　猪木の3番目の団体となるUFOの旗揚げに参戦（リングネームは初代タイガーマスク）。ケビン・ローズイヤーを4分7秒、ヒザ十字固めで下す。UFOでは「猪木事務所取締役」の肩書だった。◇両国国技館　◆UFO

1999年

4月28日　UFOサイドが佐山の離脱を発表。猪木との意見の食い違いがあったとされる。◇UFO事務所

5月27日　新格闘技団体「掣圏道」の設立を表明。基本コンセプトは「ボディーガード」とし、市街地での実戦性を追求した格闘技だった。

7月10日　掣圏道旗揚げ戦。佐山は初代タイガーマスクとして、「SAプロレスの部」のメインイベントで、7分4秒、アジアン・クーガーを下した。◇旭川市総合体育館　◆掣圏道

2001年

5月18日　7月の参院選に「自由連合」公認候補として、比例代表区に立候補することを発表。「若者に武士道を教える」との理想を語り、「（初代）タイガーマスクのデビュー戦くらい緊張している」とコメント。◇東京・自由連合事務所

7月29日　参院選が投開票されるも落選。個人名で3万3754票を獲得した。

8月19日　ザ・コブラと初タッグを結成し、マスカラス・ブラザーズと対戦。○マスカラス&ドス・カラス（12分24秒・体固め）タイガー●&コブラ。◇東京・メッセ昭島　◆掣圏道

2003年

9月21日 新たなリングネーム「ザ・マスク・オブ・タイガー」で本格復帰。初の一騎討ちとなるザ・グレート・サスケを、19分39秒、バック宙しながらの蹴り技「MOAB弾」からの体固めで破る。◇大田区体育館 ◆タイガー・プロモーション

10月26日 全日本に初参戦。○ザ・マスク・オブ・タイガー（11分28秒・体固め）グラン浜田● ◇日本武道館 ◆全日本プロレス

2004年

12月2日 代表を務める掣圏道を「掣圏真陰流」と改名。

2005年

6月9日 新団体「リアルジャパンプロレス」を旗揚げ。「スーパータイガー」として参戦。メインで大谷晋二郎に10分38秒、ヤングコブラホールドで敗れたが、「プロレスの復活、復権」を目標に、ストロングスタイルへのこだわりを明らかにした。◇後楽園ホール ◆リアルジャパンプロレス

2006年

3月10日 NOAHの丸藤正道と一騎打ち。11分57秒、逆さ押さえ込みで辛勝。試合後、丸藤の才能を絶賛した。◇後楽園ホール ◆リアルジャパンプロレス

9月20日 飯伏幸太と一騎打ちも、試合前、鈴木みのるの乱入を受け、左ヒザを負傷。5分33秒、飯伏のトペを食らった時点で、レフェリーストップで敗戦。◇後楽園ホール ◆リアルジャパンプロレ

ス

12月12日　鈴木みのると一騎打ち。16分24秒、ヒザ十字固めにタオルが投入され、TKO負け。◇後楽園ホール　◆リアルジャパンプロレス

2008年

8月26日　「レッドシューズ海野レフェリー20周年特別興行」に参戦。約10年ぶりの新日本参戦となった。初代タイガーマスク&○タイガーマスク（11分52秒・タイガースープレックスホールド）邪道&外道●　◇後楽園ホール

11月24日　猪木の4つ目の団体「IGF」に参戦し、藤波辰爾と初の一騎打ち。10分時間切れドロー。◇愛知県体育館　◆IGF

12月4日　2代目タイガーマスクだった三沢光晴とタッグで初対決。1894人（札止め）の観客が集まるなか、互いにソバット、エルボーを打ち合う好勝負に。「急所に入ってくる蹴りで、すごく効いた」（三沢）、「エルボーを食らうたびにダイナマイトのような衝撃があった」（タイガー）と互いを讃えあった。○三沢光晴&鈴木鼓太郎（15分24秒・エメラルドフロウジョン→片エビ固め）タイガー&ウルティモ・ドラゴン●。◇後楽園ホール　◆リアルジャパンプロレス

2009年

10月12日　「蝶野正洋25周年特別興行　ARISTRIST in 両国国技館」に6人タッグで参戦。初代タイガー&○4代目タイガーマスク&飯伏幸太（8分52秒・デストロイスープレックスホールド）長州&ライガー&AKIRA●。◇両国国技館　◆新日本プロレス

2010年

3月14日 NOAHのリングに初登場。タイガー&○丸藤正道(15分12秒・体固め)金丸義信&平柳玄藩●。◇ディファ有明 ◆NOAH

3月18日 天龍源一郎と初の一騎打ち。12分1秒、チキンウィングフェースロックで勝利。同年の「プロレス大賞」にノミネートされる名勝負となった。◇後楽園ホール ◆リアルジャパンプロレス

7月18日 「梶原一騎24回忌追悼記念・第13回梶原一騎杯」で、この日デビューの5代目タイガーマスクのパートナーを務めた。初代タイガーマスク&5代目タイガーマスク(8分27秒・ジャーマンスープレックス)長井満也●&嵐。◇後楽園ホール ◆MA日本キックボクシング連盟

2011年

1月10日 藤波、長州らと新プロジェクト「レジェンド・ザ・プロレスリング」を立ち上げ、旗揚げ戦でAKIRAと組み、ライガー、ウルティモ・ドラゴン組と対戦。12分50秒、ウルティモのアサイDDTを受けたタイガーがフォール負け。◇後楽園ホール ◆レジェンド・ザ・プロレスリング実行委員会

11月4日 「初代タイガーマスク基金」設立。「恵まれない子供たちの援助や、日本と外国の子供の交流をバックアップしていきたい」(タイガー)。

2012年

5月5日 佐山の地元でもある山口県の巌流島で、宮本武蔵vs佐々木小次郎の決闘から400周年を記念し、大会を開催。ウルティモ・ドラゴンと一騎打ちし、8分36秒、タイガースープレックスで勝

6月20日　利。◇巌流島特設リング　◆レジェンド・ザ・プロレスリング実行委員会
大仁田厚とデスマッチで一騎打ち。試合形式は、場外に落ちた相手をセコンドが自由に攻撃できる「デンジャラス・スペシャル・ランバージャック・デスマッチ」。最後はタイガーサイドが有刺鉄線バットを用い、13分58秒、タイガーが大仁田から3カウント勝利。◇後楽園ホール　◆リアルジャパンプロレス

2013年

2月23日　20日に70歳の誕生日を迎えた猪木のお祝いセレモニーに素顔で参加。◇TDCホール　◆IGF

2015年

5月22日　狭心症で心臓カテーテル手術を受ける。その後、試合は欠場。
8月8日　「初代タイガーマスク検定」が都内会場とインターネットで開催。抗争中だった大仁田も受験したが不合格。◇すみだリバーサイドホール　◆初代タイガーマスク検定運営事務局
12月19日　東京・下谷警察署の一日署長を務める。谷中銀座商店街で振り込め詐欺などの犯罪への注意喚起を訴え「警察官になりたかったのでうれしい」と笑顔を見せた。谷中が近年、猫の町として知られ、〝タイガー〟が猫の親分であることからの依頼だった。

2016年

6月23日　ミノワマンを相手に、日本最古の武道とされる「須麻比《すまひ》」のデモンストレーションを行う。約13カ月ぶりのリングとなった。◇後楽園ホール　◆リアルジャパンプロレス
12月7日　この日のリアルジャパンプロレス「初代タイガーマスク35周年記念大会」に、2010年末から

の慈善行動「タイガーマスク運動」の先駆けとなった「伊達直人」こと河村正剛さんが登場。初めて素顔と素性を明らかにし、「タイガーマスク基金」の理事としても協力していることを語った。また、タイガーも7カ月ぶりにリングに正式復帰。スーパー・ライダー、折原昌夫と組んで雷神矢口、アレクサンダー大塚、田中稔組と対戦。14分45秒、タイガーがハイキックで矢口に勝利。◇後楽園ホール ◆リアルジャパンプロレス

2017年

4月22日 プロ野球のソフトバンクvs楽天戦の始球式に登場。内角に決まるノーバウンド投球を見せた。◇ヤフオクドーム

11月21日 この日放送のテレビ東京系『開運！なんでも鑑定団』で、タイガーが82年4月から9月まで使用したマスクが出品。1000万円という破格の鑑定値がついた。「これ以上の金額をつけられるマスクは、世界中どこにもありません」（鑑定士の泉高志・闘道館館長）

2018年

9月20日 リングにスーツ姿で上がり、パーキンソン病の疑いがあるという病状を説明。◇後楽園ホール ◆リアルジャパンプロレス

12月6日 前日、ダイナマイト・キッドの訃報（享年60）が入り、この日の大会でタイガーがリングで遺影を持ち、追悼の10カウントゴング。「昭和56年（1981年）4月23日に劇的な出会いがありました。イギリスで闘っていた僕の鼻をへし折ってくれました。世界一のレスラーでした。タイガーマスクがあるのはダイナマイトのおかげです。最初の試合の相手がダイナマイトでラッキーだった」と語った。◇後楽園ホール ◆リアルジャパンプロレス

2020年

2月19日　リアルジャパンプロレスの新間寿会長が会見。4日前にトークショーに登壇したタイガーの病状を「パーキンソン病に近い状態」と明かし、歩行困難であることなどを説明。3月19日の後楽園ホール大会への来場も、大会前日に見送りとなった。

4月10日　「一般社団法人初代タイガーマスク後援会」に神奈川県社会福祉協議会が感謝状を贈呈。新型コロナウイルス感染症の拡大防止へマスク1万枚を寄付したことに対してだった。式には闘病中の佐山に代わり、新間寿が虎の仮面をかぶって参加した。

7月11日～8月30日　東京・神田明神で「初代タイガーマスクの武道精神と日本文化展」が開催。先だって6月13日から授与されたお守り「初代タイガーマスク勝守」も早々と売り切れるなど人気を呼んだ。◇東京・神田明神資料館

8月26日　特別講演会「武道精神と日本文化」開催。久々に公の場に登場し、「倒れたときは人工呼吸は女性だけにしてください」と笑わせ、格闘家デビューを目指す長男・聖斗を紹介。佐山自身も「必ず快復します」と復帰を誓った。◇東京・神田明神ホール

11月9日　リアルジャパンプロレスに車イス姿で登場。「実は昨日200キロスクワットを20セットやって。あっ、ごめんなさい。20キロ3セットでした」と冗談を言う余裕も。WWE入りが決まっている女子プロレスラーのSareeeを迎え、精神伝承認証式と伝承特別マスク贈呈式を行った。◇東京・神田明神ホール　◆リアルジャパンプロレス

12月17日　新間寿がプロデュースする「ストロングスタイルプロレス」後楽園ホール大会に車イス姿で登場。「昨日まで歩けてたのに、藤原敏男に蹴られて歩けなくなった（笑）」と言うと、実際に立ち上がり、数歩歩いてみせた。◇後楽園ホール　◆ストロングスタイルプロレス

2021年

4月22日 「ストロングスタイルプロレスVol・10～初代タイガーマスク40周年記念第1弾～」で、リング上に歩いて登場。「最高のプロレスをつくっていきたい」と宣言。セレモニーではビデオメッセージでスタン・ハンセン、ピート・ロバーツ、藤波辰爾、長州力らが登場。小林邦昭からのメッセージも読み上げられた。佐山は「次はコーナーポストに立ってみたい」と語った。◇後楽園ホール ◆ストロングスタイルプロレス

2022年

10月1日 アントニオ猪木、死去。享年79。

12月8日 「初代タイガーマスク ストロングスタイルプロレスVol・20」でアントニオ猪木・追悼セレモニーを実施。追悼の30カウントゴングを鳴らした。◇後楽園ホール ◆ストロングスタイルプロレス

2023年

8月31日 「初代タイガーマスク ストロングスタイルプロレスVol・25」に初代タイガーマスク応援少年少女、マスコット・ガールとともに登場。◇後楽園ホール ◆ストロングスタイルプロレス

12月7日 「初代タイガーマスク ストロングスタイルプロレスVol・27 ―力道山先生没60年追悼興行―」で力道山・追悼セレモニーを実施。タイガー戸口、山崎一夫、百田光雄、百田力らが来場。◇後楽園ホール ◆ストロングスタイルプロレス

2024年

9月9日　80年代前半、タイガーマスクとの抗争で一世を風靡した〝虎ハンター〟小林邦昭が死去。享年68。
9月26日　「初代タイガーマスク ストロングスタイルプロレスVol・30」で小林邦昭・追悼セレモニーを実施。　◇後楽園ホール◆ストロングスタイルプロレス

参考文献

●書籍

『1984年のUWF』（柳澤健／文藝春秋）
『〝黄金の虎〟と〝爆弾小僧〟と〝暗闇の虎〟』（新井宏／辰巳出版）
『梶原一騎伝 夕やけを見ていた男』（斎藤貴男／文春文庫）
『完全版 証言UWF 1984-1996』（前田日明＋髙田延彦＋山崎一夫＋船木誠勝＋鈴木みのるほか／宝島SUGO-文庫）
『真説・佐山サトル タイガーマスクと呼ばれた男』（田崎健太／集英社インターナショナル）
『泣き虫』（金子達仁／幻冬舎）
『藤波辰爾自伝 未完のレジェンド』（藤波辰爾／草思社）

●雑誌・ムック

『Gスピリッツ Vol・54』（辰巳出版）
『逆説のプロレスVol・14』（双葉社）
『昭和40年男 Vol・35』（クレタパブリッシング）
『昭和40年男総集編 昭和プロレス大全』（クレタパブリッシング）
『初代タイガーマスク30years 上巻（1981-1983）―永久保存版 新日本プロレス時代』（ベースボール・マガジン社）
『初代タイガーマスク30years 下巻（1984-2010）―永久保存版 UWFからリアルジャパンまで』（ベースボール・マガジン社）
『初代タイガーマスク（G SPIRITS ARCHIVES vol・1）』（辰巳出版）
『よみがえる初代タイガーマスク伝説』（宝島社）

●新聞

『スポーツニッポン』
『東京スポーツ』

本書は2021年7月に小社より刊行した単行本『証言 初代タイガーマスク 40年目の真実』を改訂・改題し、文庫化したものです。

宝島SUGOI文庫

証言 初代タイガーマスク
虎の仮面に秘めた天才レスラーの理想と葛藤
(しょうげん しょだいたいがーますく
とらのかめんにひめたてんさいれすらーのりそうとかっとう)

2025年2月19日　第1刷発行

著　者　佐山聡 髙田延彦 藤原喜明 グラン浜田 ほか
発行人　関川誠
発行所　株式会社 宝島社
〒102-8388　東京都千代田区一番町25番地
電話:営業 03(3234)4621／編集 03(3239)0927
https://tkj.jp
印刷・製本　中央精版印刷株式会社

Printed in Japan
First Published 2021 by Takarajimasha, Inc.
ISBN 978-4-299-06536-0